W0238246

Geflügel & Wild

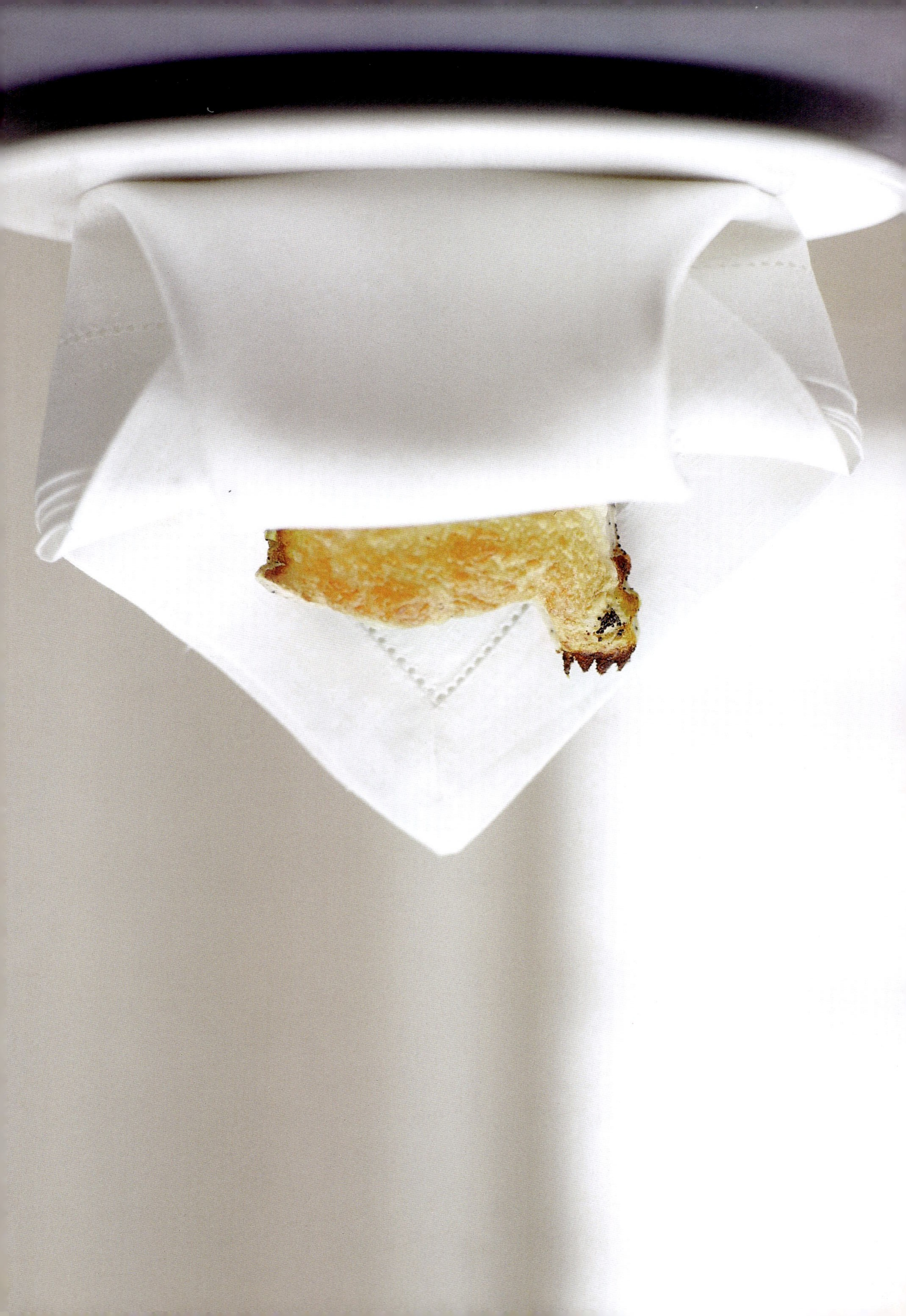

Geflügel & Wild

Ganz und groß

Geflügelteile

Spezialitäten

Wild und Kaninchen

Das große Plus

Stellen Sie sich vor, Sie hätten einen
großen Tisch und Menschen
aus der ganzen Welt zu Gast.
Arme und Reiche, Alte und Junge,
Frauen und Männer, Asiaten,
Afrikaner und Australier.
Was würden Sie servieren?
Natürlich Geflügel!

Es gibt wohl kaum eine Fleischspeise, über die sich die Völker dieser Welt derart einig sind. Das liegt zum einen an seinem angenehm milden Geschmack, der alle Arten von Würze erlaubt – von superscharf bis gar nicht. Und zum anderen an den Garmethoden, die sich der schlichten Feuerstelle ebenso anpassen lassen wie dem Hightech-Herd. Und wem das nicht genügt: Gesund ist Geflügel auch noch. Eine Hühnersuppe zum Beispiel hilft gegen Grippe. Und – vorübergehend – gegen Liebeskummer.

Die ersten Hühner wurden in China gezüchtet, vor rund 6000 Jahren. Aber auch Griechen, Römer, Kelten und Germanen besaßen Federvieh. 2000 Jahre später schlachteten unsere Urahnen ein Huhn, wenn Fremde zu Besuch kamen. Sofern sie eins hatten. Wenn nicht, dann eben einen anderen Vogel. Bis ins 19. Jahrhundert fasste man den Begriff des essbaren Geflügels nämlich etwas weiter: Auf dem Speisezettel stand so ziemlich alles, was Federn besaß. Denn einen Wildvogel konnte man immer fangen, egal, wie arm man war.

Anderes Wild dagegen war für das einfache Volk schwer zu bekommen. Denn die Jagdrechte für Hase, Reh und Hirsch blieben über Jahrhunderte Adligen, Kirchenleuten und reichen Bürgern vorbehalten.

Das hat sich heute geändert. Weder müssen Sie selbst auf die Jagd gehen, noch müssen Sie beim Kauf Ihre adlige Abstammung belegen. So können wir Ihnen in diesem Buch getrost die schönsten Wild- und Geflügelgerichte vorlegen – und Sie dürfen auswählen und probieren!

Ganz und groß

Als Max und Moritz den Hühnern der Witwe Bolte den Garaus machten, war diese nur ein bisschen traurig. Denn als sie sich erholt hatte, machte sie wunderbare Backhendl. Die wurden ihr natürlich gestohlen. Passen Sie also ein bisschen auf, wenn Sie diese Rezepte umsetzen …

Brathähnchen

einfach | schmeckt Kindern

4	**Portionen**
	Zubereitungszeit 30 Min.
	Backzeit 1 Std.
Pro Portion	**ca. 585 kcal, E 61 g, F 38 g, KH 5 g**

1	Brathähnchen (etwa 1,2 kg),
	Salz, frisch gemahlener Pfeffer
3–4 Stängel	glatte Petersilie
2 EL	Butter
	edelsüßes Paprikapulver
200 ml	Hühnerbrühe
evtl. 100 g	saure Sahne
	heller Saucenbinder

- Das Hähnchen innen und außen abspülen, trocken tupfen und mit Salz und Pfeffer würzen. Petersilienstängel in die Bauchhöhle geben. Butter zerlassen. Den Backofen auf 220° (Umluft 200°, Gas Stufe 5) vorheizen.

- Die Flügel mit Küchengarn auf dem Rücken, die Keulen vor der Bauchöffnung zusammenbinden. Hähnchen mit der Brustseite nach unten in einen Bräter legen und mit der Hälfte der zerlassenen Butter übergießen. Im Backofen etwa 30 Min. offen braten.

- Das Hähnchen wenden und die Temperatur auf 180° (Umluft 160°, Gas Stufe 3) herunter schalten. Restliche Butter und Paprikapulver verrühren und das Hähnchen damit bestreichen. Wieder 30 Min. braten.

- Das Hähnchen herausnehmen und abgedeckt etwa 10 Min. ruhen lassen. Inzwischen die Brühe zum Bratfond in den Bräter geben und mit einem Pinsel die Röststoffe am Topfrand lösen.

- Die Sauce durch ein Sieb in einen Topf gießen und evtl. die saure Sahne einrühren. Aufkochen lassen und mit etwas Saucenbinder binden. Sauce mit Salz, Pfeffer und Paprika abschmecken und zum Hähnchen servieren.

Variante **Rosmarinhähnchen mit Knoblauch:** 1 Brathähnchen abspülen, trocken tupfen, mit Salz und Pfeffer einreiben. 1 Knoblauchzwiebel mit Schale quer durchschneiden. 1 Bio-Zitrone heiß abspülen, in Scheiben schneiden. Den Backofen auf 200° (Umluft 180°, Gas Stufe 4) vorheizen. Hähnchen in einen Bräter legen. Knoblauch, Zitrone und 1 Rosmarinzweig dazulegen. ½ l lieblichen Wein (oder Brühe) dazugießen. Hähnchen mit 1 EL Olivenöl beträufeln und im Ofen 1 Std. braten. Bratsud entfetten, salzen und pfeffern und dazu reichen. Knoblauch aus den Zehen drücken und dazu essen.

Geschmortes Paprikahendl

einfach | preiswert

3 Portionen
Zubereitungszeit 45 Min.
Garzeit 1 Std.
Pro Portion ca. 680 kcal, E 57 g, F 46 g, KH 8 g

1	küchenfertiges Hähnchen (etwa 1,5 kg)
250 g	Zwiebeln
1	Bio-Zitrone
3 EL	Öl
2–3 EL	edelsüßes Paprikapulver
600 ml	heiße Brühe
2 EL	Tomatenmark
	Salz
100 g	Sahne

- Das Hähnchen abspülen und mit Küchenkrepp trocken tupfen. Das Hähnchen vierteln und Haut und überschüssiges Fett entfernen.
- Die Zwiebeln abziehen und in kleine Würfel schneiden. Die Zitrone heiß abspülen, trocken tupfen, die Schale abreiben und den Saft auspressen.
- Das Öl in einem Topf erhitzen und die Hähnchenteile darin anbraten, aber nicht bräunen. Hähnchenteile herausnehmen.
- Zwiebeln im Bratfett glasig dünsten. Das Paprikapulver darüberstäuben und unterrühren. Die heiße Brühe in den Topf gießen. Tomatenmark und Zitronenschale dazugeben und mit Salz würzen.
- Alles aufkochen und zugedeckt bei mittlerer Hitze etwa 30 Min. schmoren lassen. Die Sauce eventuell mit einem Stabmixer pürieren.
- Die Hähnchenteile in die Sauce geben und alles zusammen 30 Min. weiterschmoren lassen. Die Sahne unterrühren und die Sauce mit Salz und etwas Zitronensaft abschmecken.

Dazu Spätzle oder Nudeln

Tipp **Das Paprikahendl kann auch nur mit Hähnchenkeulen oder Brustfilets zubereitet werden.**

Chili-Huhn im Römertopf

preiswert | einfach

4	**Portionen**
	Zubereitungszeit 30 Min.
	Garzeit 1 Std. 30 Min.
	Einweichzeit 30 Min.
Pro Portion	**ca. 575 kcal, E 66 g, F 31 g, KH 2 g**

1	küchenfertiges Hähnchen (1,2 kg)
1	rote Chilischote
2 EL	Meersalz
2 EL	Öl
2 Zweige	Rosmarin
1	Knoblauchzwiebel
100 ml	Hühnerbrühe
100 ml	trockener Weißwein oder Apfelsaft
je 1	rote und gelbe Paprikaschote
	frisch gemahlener Pfeffer

Tipp

Den heißen Römertopf nie auf eine kalte oder nasskalte Unterlage stellen, er könnte platzen. Besser auf ein Handtuch stellen.

• Römertopf und Deckel 30 Min. in Wasser tauchen. Das Hähnchen abspülen und mit Küchenkrepp trocken tupfen. Chilischote putzen, Kerne und Trennwände entfernen (mit Küchenhandschuhen arbeiten). Chili abspülen, fein hacken und mit dem Meersalz im Mörser zerstoßen.

• Das Hähnchen mit Öl bestreichen und innen und außen mit dem Chilisalz einreiben. Rosmarin abspülen und 1 Zweig unter die Brusthaut schieben. Dafür die Haut von der Bauchöffnung aus mit der Hand vorsichtig vom Fleisch lösen, die Haut darf nicht einreißen.

• Knoblauch mit der Schale quer halbieren. Hähnchen, Knoblauch und Rosmarin in den gewässerten Römertopf legen. Brühe und Wein dazugießen und den Deckel auflegen. Den Römertopf in den kalten Backofen stellen und das Hähnchen bei 220° (Umluft 200°, Gas Stufe 5) 1 Std. garen.

• Inzwischen die Paprikaschoten vierteln, Kerne und Trennwände entfernen. Paprikaviertel abspülen und in Streifen schneiden.

• Den Deckel vom Römertopf abnehmen. Die Paprikastreifen zum Hähnchen geben und alles weitere 30 Min. offen garen. Die Sauce eventuell mit Salz und Pfeffer abschmecken.

Gesottenes Huhn

einfach | braucht Zeit

6	**Portionen**
	Zubereitungszeit 30 Min.
	Garzeit 2 Std. 40 Min.
Pro Portion	**ca. 695 kcal, E 50 g, F 51 g, KH 8 g**

1	großes Suppenhuhn (1,5 kg)
1	kleiner Lorbeerzweig
je ½ Bund	Thymian und Oregano
	Salz
6	Möhren
250 g	Champignons
2	Gemüsezwiebeln
2 Stangen	Porree
½ Knolle	Sellerie
1	ganze Knoblauchzwiebel

• Das Suppenhuhn innen und außen gründlich abspülen. Den Bürzel (Fettdrüse) entfernen. Die Kräuter abspülen und in das Huhn geben. Huhn in einen großen Topf legen und so viel kaltes Wasser zufügen, dass es bedeckt ist. Salzen und langsam aufkochen lassen. Den Schaum mit einer Kelle abschöpfen. Das Huhn zugedeckt etwa 1 Std. bei kleiner Hitze gerade eben kochen lassen.

• Inzwischen Möhren schälen, abspülen und in Stücke schneiden. Pilze putzen, Zwiebeln abziehen und in schmale Spalten schneiden. Porree putzen und halbieren. Sellerie schälen und würfeln. Knoblauchzwiebel quer halbieren. Die Hälfte jeder Gemüsesorte nach 1 Std. zum Huhn geben und 1 Std. mitkochen.

• Das gekochte Gemüse aus der Brühe nehmen und nicht verwenden. Rohes Gemüse zum Huhn geben und alles 30–40 Min. kochen lassen.

• Das Huhn aus der Brühe nehmen. Das Fleisch von Haut und Knochen lösen. Gemüse aus der Brühe nehmen und auf einer Platte anrichten. Das Hühnerfleisch darauf anrichten und servieren.

Dazu Meerrettichsahne, eingelegten Kürbis oder Knoblauchmayonnaise und frisches Bauernbrot

Tipp **Die Brühe mit Salz und Pfeffer würzen und als Vorspeise servieren oder für Suppen, Eintöpfe oder Saucen verwenden. Brühe lässt sich gut einfrieren.**

Hähnchen im Heu

raffiniert

6	**Portionen**
	Zubereitungszeit 1 Std.
	Garzeit 1 Std. 15 Min.
Pro Portion	**ca. 965 kcal, E 55 g, F 71 g, KH 22 g**

1	großes Hähnchen (etwa 1,6 kg)
	Salz, frisch gemahlener Pfeffer
je etwa 50 g	Möhre, Sellerie und Petersilienwurzel
200 ml	Weißwein oder Brühe
150 ml	Gemüsebrühe
1	Handvoll duftendes Heu (z.B. aus der Tierhandlung)
150 g	Mehl
800 g	mehlig kochende Kartoffeln
20	Safranfäden
150 g	Sahne
75 g	Butter
	frisch geriebene Muskatnuss
	frisch gemahlener Pfeffer

• Das Hähnchen abspülen, trocken tupfen und innen und außen mit Salz und Pfeffer würzen. Die Keulen mit Küchengarn zusammenbinden. Den Backofen auf 200° (Umluft 180°, Gas Stufe 4) vorheizen. Möhre, Sellerie und Petersilienwurzel putzen, abspülen und in Würfel schneiden.

• Das Hähnchen auf einen ofenfesten umgedrehten Teller in einen Schmortopf setzen. Gemüsewürfel, 150 ml Weißwein oder Brühe und die Gemüsebrühe zugeben. Alles mit dem Heu bedecken.

• Mehl und 50 ml Wasser verkneten und zu einem fingerdicken Strang formen. Teigstrang um den Topfrand legen und den Deckel auflegen, damit der Schmortopf luftdicht verschlossen ist. Das Hähnchen im Ofen etwa 1 Std. 15 Min. backen.

• Inzwischen die Kartoffeln schälen, abspülen und in Salzwasser etwa 25 Min. kochen. Safranfäden in den restlichen Weißwein legen. Sahne und die Hälfte der Butter erhitzen.

• Kartoffeln abgießen und mit einem Kartoffelstampfer zerdrücken. Sahne-Butter-Mischung, Wein und Safran dazugeben und mit Salz und Muskat würzen.

• Hähnchen aus dem Ofen holen und etwa 15 Min. ruhen lassen. Hähnchen herausnehmen und im Ofen warm stellen. Schmorfond durch ein Sieb in einen Topf gießen und etwas einkochen lassen. Restliche Butter in Flöckchen unterschlagen, die Sauce aber nicht mehr kochen lassen. Die Safran-Kartoffeln mit Salz und Pfeffer abschmecken.

Wildente auf Sauerkraut

etwas teurer | für Gäste

4 Portionen
Zubereitungszeit 30 Min.
Garzeit 1 Std.
Pro Portion **ca. 685 kcal, E 36 g, F 49 g, KH 24 g**

2	küchenfertige Wildenten (je etwa 1 kg)
	Meersalz, frisch gemahlener Pfeffer
280 g	kernlose helle Trauben
½	altbackene Brioche oder 1 kleines Milchbrötchen
4	Schalotten
2 Zweige	Majoran
3 EL	Butter
1	Zwiebel
500 g	mildes Sauerkraut
150 g	Sahne
1	Lorbeerblatt
3	Wacholderbeeren
80 g	kernlose dunkle Trauben

• Die Enten abspülen, trocken tupfen und innen mit Meersalz und Pfeffer würzen. Backofen auf 180° (Umluft 160°, Gas Stufe 3) vorheizen.

• Für die Füllung 200 g helle Trauben abspülen und von den Stängeln zupfen. Brioche würfeln. Schalotten abziehen und würfeln. Majoran abspülen und die Blättchen abstreifen. 2 EL Butter in einer Pfanne erhitzen und die Briochewürfel darin goldgelb braten. Schalotten dazugeben und glasig dünsten. Majoran und Trauben zugeben und alles mit Salz und Pfeffer würzen.

• Füllung in die Enten geben und die Öffnung mit Holzspießchen und Küchengarn verschließen. Die Fettpfanne des Backofens mit Wasser ausspülen und die Enten hineinlegen. Im Ofen 30 Min. braten. Temperatur auf 150° (Umluft 130°, Gas Stufe 1) reduzieren und Enten noch 30 Min. braten.

• Inzwischen für das Rahmsauerkraut die Zwiebel abziehen. Übrige Butter in einem Topf erhitzen und die Zwiebel darin glasig dünsten. Das Sauerkraut mit zwei Gabeln auflockern und dazugeben. Sahne, Lorbeerblatt, Wacholderbeeren, Salz und Pfeffer dazugeben und alles bei kleiner Hitze etwa 30 Min. schmoren lassen. 5 Min. vor Ende der Garzeit die Temperatur auf 220° heraufschalten, die Enten mit Salzwasser bestreichen und knusprig braten.

• Die restlichen hellen und die dunklen Trauben abspülen und von den Stängeln zupfen. Kurz vorm Servieren unter das Sauerkraut mischen und erwärmen.

Dazu kleine Kartoffelklöße

Tipp **Statt Trauben passen auch gut Äpfel oder getrocknete Aprikosen.**

Klassiker

Gebratene Ente

Allein der Duft aus dem Backofen macht glücklich. Wenn die Ente dann knusprig und braun auf dem Tisch steht und noch eine so gute Füllung im Bauch hat, bleibt nur noch guten Appetit zu wünschen.

4 Portionen
Zubereitungszeit 50 Min., Garzeit 2 Std.
Pro Portion ca. 885 kcal, E 120 g, F 38 g, KH 13 g

1	Gemüsezwiebel
2–3	Äpfel
1 EL	Butterschmalz
	Salz, frisch gemahlener Pfeffer
	gerebelter Majoran
1 Ente	(etwa 2,5 kg)
1 Glas	Entenfond (400 ml)
	evtl. dunkler Saucenbinder

- Die Zwiebel abziehen und grob würfeln. Die Äpfel schälen und grob würfeln. Das Butterschmalz in einer Pfanne erhitzen und Zwiebel- und Apfelwürfel darin dünsten. Kräftig mit Salz, Pfeffer und Majoran würzen.
- Backofen auf 160° (Umluft 140°, Gas Stufe 2) vorheizen. Das Entenfett aus der Bauchhöhle entfernen und die Ente innen und außen gründlich abspülen. Trocken tupfen. Die abstehenden Federkiele vorsichtig herausziehen (Step 1).
- Die Haut der Ente vorsichtig mit einem kleinen Holzspieß mehrfach einstechen, damit das Fett ablaufen kann. Dabei nicht in das Fleisch stechen.
- Die Ente innen und außen mit Salz und Pfeffer würzen. Die Ente mit Äpfeln und Zwiebel füllen. Den Bauchlappen mit einem Hölzchen feststecken (Step 2).
- Die Öffnung mit Hölzchen zustecken und mit Küchengarn zubinden (Step 3). Ente auf den Backofenrost legen und die Fettpfanne mit ½ l heißem Wasser darunterschieben. Im Backofen etwa 2 Std. braten.
- Nach 1 Std. 30 Min. die Ente hin und wieder mit Salzwasser bepinseln. Bratensatz aus der Fettpfanne durch ein feines Sieb gießen und entfetten. Mit dem Entenfond in einen Topf gießen und aufkochen lassen. Eventuell mit dunklem Saucenbinder andicken. Mit Salz und Pfeffer abschmecken, zur Ente reichen.

Dazu Rotkohl und Salzkartoffeln oder Knödel

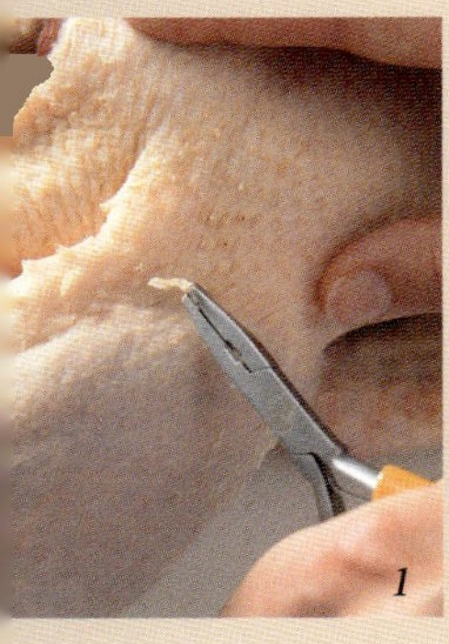

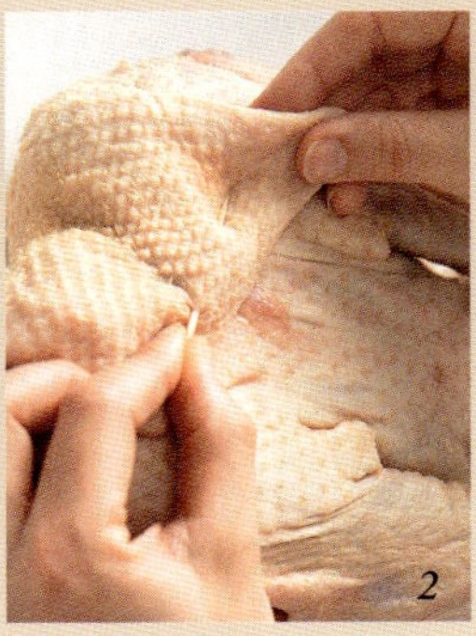

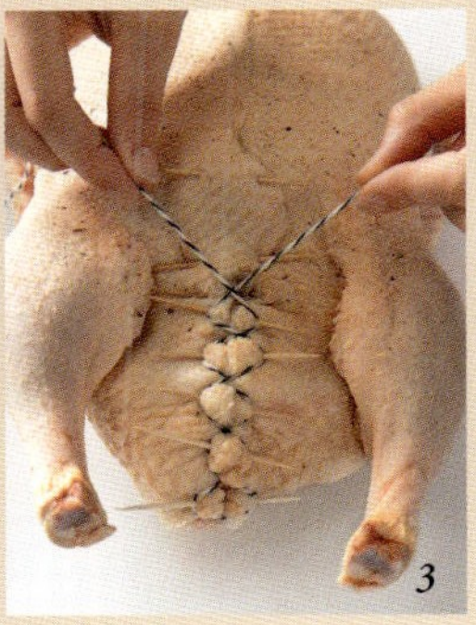

Tipp

Aus Geflügel, besonders aus Ente und Gans, brät immer viel Fett heraus. Am besten lässt es sich entfernen, wenn der Bratensatz abkühlt ist und das erstarrte Fett einfach abgenommen werden kann.

Gänsebraten mit Backobst

für Gäste | etwas teurer | braucht Zeit

8 Portionen
Zubereitungszeit 1 Std.
Garzeit 3 Std. 30 Min.
Pro Portion ca. 936 kcal, E 64 g, F 54 g, KH 52 g

1	küchenfertige Gans (etwa 5 kg)
1 Bund	Suppengrün
1 l	Geflügelbrühe (Instant)
4	Zwiebeln
3 Stängel	Beifuß (evtl. getrocknet)
2	Sternanis
300 g	Maronen (vakuumverpackt)
400 g	Backobst
	Salz, frisch gemahlener Pfeffer
3 EL	Sojasauce
2 EL	Mango-Chutney
etwa 2 EL	dunkler Saucenbinder

• Die Gans innen und außen gründlich abspülen, den Beutel mit den Innereien vorher aus der Bauchhöhle nehmen. Überschüssiges Fett aus dem Bauch ebenfalls entfernen. Gans gut trocken tupfen.

• Für den Geflügelfond den Hals (aus dem Beutel) abspülen, trocken tupfen und in Stücke schneiden. Etwas Gänsefett (aus dem Bauch) in einem Topf langsam ausbraten. Die Halsstücke goldbraun anbraten. Suppengrün putzen, abspülen, würfeln und im Topf anrösten. Brühe dazugießen und 1 Std. bei kleiner Hitze kochen lassen. Den Fond durch ein Sieb gießen.

• Inzwischen für die Füllung die Zwiebeln abziehen und fein würfeln. Beifußblättchen von den Stielen streifen. Zwiebeln, Beifuß, Sternanis, Maronen und Backobst mischen, mit Salz und Pfeffer würzen. Backofen auf 180° (Umluft 160°, Gas Stufe 3) vorheizen.

• Die Gans innen und außen mit Salz einreiben und die Füllung hineingeben. Bauchöffnung mit Hölzchen zustecken. Flügel mit Küchengarn zusammenbinden, Garn auf dem Rücken kreuzen, zwischen den Keulen nach vorne ziehen und um die Holzspieße schlingen und festziehen. Den Bürzel abschneiden. Die Gans auf den Backofenrost legen und den Rost auf die Fettpfanne stellen. Die Gans im Ofen etwa 3 Std. 30 Min. braten. Fleisch etwa alle 15 Min. mit dem Geflügelfond begießen.

• Für die Sauce den Schmorfond aus der Fettpfanne entfetten und etwas einkochen lassen. Gänsefond mit Sojasauce und Mango-Chutney abschmecken und mit Saucenbinder andicken. Gans in Stücke teilen und mit Sauce servieren.

Dazu Rotkohl und Kartoffelknödel

Gefüllter Gänserollbraten

etwas teurer

3 **Portionen**
Zubereitungszeit 1 Std.
Garzeit 2 Std.
Pro Portion **ca. 610 kcal, E 82 g, F 25 g, KH 14 g**

1	doppelte Gänsebrust ohne Knochen (etwa 1 kg)
	Salz, frisch gemahlener Pfeffer
1–2	Knoblauchzehen
2	Lauchzwiebeln
1–2 Stängel	getrockneter Beifuß
50 g	geräucherte Gänsebrust in dünnen Scheiben (Spickgans) oder Schwarzwälder Schinken
2	Gemüsezwiebeln
	Zucker

Tipp
Beifuß passt gut zu fetten Fleischgerichten wie Gänse- oder Entenbraten, weil er dafür sorgt, dass das Fett besser verdaut wird.

• Gänsebrust abspülen, gut mit Küchenkrepp trocken tupfen und die beiden Brustfilets mit der Hautseite nach unten auseinandergeklappt auf die Arbeitsfläche legen. Mit Salz und Pfeffer würzen.

• Knoblauch abziehen und hacken. Lauchzwiebeln putzen, abspülen und in fingerlange Stücke schneiden. Blätter von 1 Stängel Beifuß abstreifen. Die Gänsebrust mit Knoblauch, Lauchzwiebeln, Beifuß und den geräucherten Gänsebrustscheiben belegen.

• Gänsebrust zusammenlegen und mit Küchengarn umwickeln. Dabei die restlichen Beifußstängel mit um das Fleisch binden. Den Backofen auf 180° (Umluft 160°, Gas Stufe 3) vorheizen.

• Den Gänserollbraten in einem Bräter rundherum braun anbraten. Das ausgebratene Fett abgießen. Das Fleisch im Ofen etwa 1 Std. braten.

• Zwiebeln abziehen, in Spalten schneiden, in den Bräter geben und alles zugedeckt 30 Min. braten. Deckel abnehmen und nochmals 20–30 Min. garen.

• Das Fleisch herausnehmen. Den Fond abgießen und mit Salz, Pfeffer und etwas Zucker abschmecken. Fleisch in Scheiben schneiden und mit den Zwiebelspalten anrichten. Fond dazu servieren.

Dazu Kartoffelklöße (halb und halb)

Pute mit Füllung

für Gäste | braucht etwas Zeit

8	**Portionen**
	Zubereitungszeit 1 Std. 30 Min.
	Garzeit 4 Std. 30 Min.
Pro Portion	**ca. 940 kcal, E 59 g, F 54 g, KH 48 g**

120 g	Porree
3–4 EL	Butter
100 g	Ciabatta-Brot (vom Vortag)
75 g	getrocknete Feigen
75 g	Walnusskerne
50 g	Bacon (Frühstücksspeck)
je 1 EL	gehackte Petersilie und Rosmarin
8 EL	Orangenlikör (z.B. Grand Marnier) oder Orangensaft
	Meersalz, frisch gemahlener Pfeffer
1	kleine Pute (etwa 5 kg)
50 g	weiche Butter
1 Bund	Suppengrün
1–2	Lorbeerblätter
2 Zweige	Rosmarin
125 ml	trockener Weißwein oder Brühe
100 g + 2 EL	Sahne
1–2 EL	Mehl

• Für die Füllung Porree putzen, abspülen und klein schneiden. In 2 EL Butter anbraten. Ciabatta würfeln und in der übrigen Butter anrösten. Feigen würfeln, Walnüsse grob hacken. Speck würfeln. Alle vorbereiteten Zutaten, Kräuter und 3 EL Orangenlikör mischen. Mit Meersalz und Pfeffer abschmecken.

• Die Pute abspülen, Innereien, Bauchfett und Bürzel entfernen. Pute gut trocken tupfen. Backofen auf 200° (Umluft 180°, Gas Stufe 4) vorheizen. Pute innen mit Salz und Pfeffer würzen, Füllung hineingeben. Bauchöffnung mit Hölzchen und Küchengarn verschließen. Pute mit der weichen Butter einreiben und mit Salz und Pfeffer würzen. Mit der Brust nach oben in die Fettpfanne legen, locker mit Alufolie umhüllen, dabei eine Öffnung für den Dampf lassen.

• Pute in den Ofen geben, diesen auf 160° (Umluft 140°, Gas Stufe 2) herunterschalten. Die Pute 4–4,5 Std. braten. Inzwischen Suppengrün putzen, abspülen und würfeln. Nach 1 Std. Bratzeit Gemüsewürfel, Lorbeer und Rosmarin um die Pute verteilen. Nach und nach ½ l Wasser angießen.

• 45 Min. vor Ende der Bratzeit die Alufolie entfernen. Temperatur auf 200° (Umluft 180°, Gas Stufe 4) erhöhen und die Pute fertig braten. Pute 30 Min. ruhen lassen, warm halten. Inzwischen für die Sahnesauce die Gemüsewürfel aus der Fettpfanne, Bratensud, Wein und 100 g Sahne aufkochen. Mehl und 2 EL Sahne glatt rühren und unterrühren. Die Sauce 15 Min. kochen, durchsieben, aufkochen. 5 EL Orangenlikör unterrühren und die Sauce mit Salz und Pfeffer abschmecken. Sauce zur Pute servieren.

Gefüllter Putenrollbraten

braucht Zeit

8 Portionen
Zubereitungszeit 1 Std. 35 Min.
Garzeit 1 Std. 20 Min.
Pro Portion ca. 535 kcal, E 46 g, F 24 g, KH 25 g

2	Schalotten
1 EL	Öl
200 g	Langkornreis
3/4 l	Weißwein oder Fond
30 g	Mandelblättchen
50 g	Rosinen
2 EL	stichfeste saure Sahne
1	Eigelb
etwa 220 g	Brät (evtl. von feiner ungebrühter Bratwurst)
	Salz, frisch gemahlener Pfeffer
1,2 kg	Putenbrust (vom Metzger eine Tasche hineinschneiden lassen)
	gemahlener Kreuzkümmel
85 g	Serrano-Schinken
30 g	Butter
etwa 1/8 l	Gemüsefond
200 g	Sahne
	evtl. etwas heller Saucenbinder

• Für die Füllung die Schalotten abziehen und fein würfeln. Öl erhitzen, Schalotten und Reis dazugeben und glasig dünsten. 1/4 l Wasser und 1/4 l Wein dazugießen, aufkochen und bei kleiner Hitze kochen lassen, bis der Reis die ganze Flüssigkeit aufgenommen hat.

• Reis abkühlen lassen. Mandelblättchen, Rosinen, saure Sahne, Eigelb und Brät untermischen. Mit Salz und Pfeffer würzen. Putenbrust abspülen, gut trocken tupfen, rundherum mit Salz, Pfeffer und Kreuzkümmel würzen. Backofen auf 200° (Umluft 180°, Gas Stufe 4) vorheizen. Füllung in die Fleischtasche geben (übrige Füllung wie eine Wurst in Alufolie wickeln). Schinkenscheiben auf den Einschnitt legen und das Fleisch mit Küchengarn zusammenbinden.

• Butter in einem Bräter erhitzen. Rollbraten darin rundherum anbraten. Fond und übrigen Wein dazugießen und alles zugedeckt im Ofen 60–70 Min. schmoren lassen. Die Füllung in der Folie neben den Bräter legen. Das Fleisch von Zeit zu Zeit mit Bratfond begießen. Nach der Schmorzeit den Deckel abnehmen und das Fleisch 8–10 Min. bräunen lassen.

• Fleisch herausnehmen. Sahne zum Bratfond gießen, evtl. mit etwas Saucenbinder binden. Mit Salz und Pfeffer abschmecken. Sauce und separate Füllung zum Fleisch servieren.

Dazu Petersilienkartoffeln und Orangen-Zwiebel-Salat (Seite 83)

Gebratene Truthahnbrust

etwas teurer | für Gäste

6 Portionen
Zubereitungszeit 30 Min.
Garzeit 1 Std. 40 Min.
Pro Portion ca. 640 kcal, E 49 g, F 46 g, KH 3 g

20 getrocknete Morcheln
1 Truthahnbrust (etwa 1,3 kg, ohne Haut und Knochen)
1 Knoblauchzehe
Salz, frisch gemahlener Pfeffer
2 EL Butterschmalz
150 g kleine runde Schalotten
200 ml Champagner oder trockener Sekt oder heller Traubensaft
½ l Geflügelbrühe
200 g Sahne
150 g Flusskrebsfleisch

- Morcheln in Wasser 30 Min. einweichen. Mehrmals gründlich waschen, bis der Sand entfernt ist. Den Backofen auf 200° (Umluft 180°, Gas Stufe 4) vorheizen. Die Truthahnbrust abspülen und trocken tupfen. Knoblauch abziehen und zerdrücken. Das Fleisch mit Salz, Pfeffer und Knoblauch einreiben.

- In einer großen Pfanne das Butterschmalz erhitzen. Die Truthahnbrust von beiden Seiten anbraten. Schalotten abziehen und halbieren. Ein tiefes Backblech mit dem Bratfett bestreichen. Die Truthahnbrust darauflegen und im Backofen etwa 30 Min. braten.

- Champagner und Brühe dazugeben und 1 Std. weitergaren. Das Fleisch zwischendurch wenden und immer wieder mit Bratensud bestreichen. Schalotten, Morcheln und Sahne dazugeben und etwa 10 Min. weitergaren. Die Truthahnbrust herausnehmen, in Alufolie wickeln und kurz ruhenlassen.

- Den Bratensud in einen Topf geben und erwärmen. Flusskrebsfleisch abspülen, trocken tupfen und dazugeben. Den Bratensud mit Salz und Pfeffer abschmecken. Alles auf einer Platte anrichten.

Tipp **Getrocknete Morcheln sind teuer. Günstiger wird der Braten mit 250 g braunen Champignons anstelle der Morcheln. Die kommen mit der Sahne und den Schalotten zum Braten.**

Pochierte Putenbrust

für Gäste | einfach

8	**Portionen**
	Zubereitungszeit 30 Min.
	Garzeit 1 Std. 30 Min.
	Abkühlzeit 12 Std.
Pro Portion	**ca. 370 kcal, E 48 g, F 17 g, KH 5 g**

1	Putenbrustfilet (etwa 1,5 kg)
1 Bund	Suppengrün
1 ½ l	Gemüsebrühe
½ l	trockener Weißwein oder Brühe mit Zitronensaft
3	Lorbeerblätter
je ½ TL	schwarze Pfefferkörner und Senfkörner
500 g	saure Sahne
250 g	Schmand
je 1 Bund	glatte Petersilie, Dill, Kerbel, Basilikum, Schnittlauch und Zitronenmelisse
	Salz, frisch gemahlener Pfeffer
	etwas Zitronensaft
1 EL	Öl

- Die Putenbrust abspülen. Suppengrün putzen, waschen und würfeln. Brühe, Wein, Gewürze und Suppengrün aufkochen. Das Fleisch hineinlegen und zugedeckt bei mittlerer Hitze etwa 1 Std. 30 Min. kochen lassen. Das Fleisch am besten über Nacht in der Brühe abkühlen lassen.
- Für die Sauce saure Sahne und Schmand verrühren. Kräuter abspülen, trocken tupfen und fein hacken. Die Hälfte der Kräuter unter die Sahne rühren und mit Salz, Pfeffer und Zitronensaft abschmecken.
- Restliche Kräuter mischen und auf ein Küchenbrett streuen. Das Fleisch aus der Brühe nehmen, mit Küchenkrepp abtrocknen. Öl auf ein Stück Küchenkrepp gießen und das Fleisch rundherum damit einreiben. Putenbrust in den Kräutern wälzen, das Fleisch in Scheiben schneiden und mit der Kräutersauce anrichten.

Tipp **Die Brühe ist aromatisch und schmeckt als Vorsuppe aus kleinen Tässchen. Sie ist auch eine gute Basis für Suppen und Eintöpfe: Brühe aufkochen, kochend heiß in saubere Schraubdeckelgläser füllen, diese sofort verschließen und umgedreht 5 Min. stehen lassen. Im Kühlschrank ist die Brühe etwa 2 Monate haltbar.**

Geflügelteile

Brust, Schnitzel oder Keule? Das hängt davon ab, ob Sie es zart oder kräftig mögen. Am Spieß, gebraten, gefüllt oder geschmort? Das hängt davon ab, wie viel Zeit Sie haben. Pute, Hähnchen, Gans oder Ente? Das hängt von Ihrem Geschmack ab – aber was Sie auch möchten, hier werden alle Wünsche erfüllt!

Huhn in Honigmarinade

einfach | gut vorzubereiten

3	**Portionen**
	Zubereitungszeit 1 Std.
	Marinierzeit 2 Std.
Pro Portion	**ca. 730 kcal, E 50 g, F 53 g, KH 14 g**

1	küchenfertiges Hähnchen (etwa 1,4 kg)
3 EL	Sojasauce
1 EL	körniger Dijon-Senf
4 EL	Akazienhonig
5 EL	Olivenöl
300 g	Strauchtomaten
1 Zweig	Rosmarin
1 TL	grobes Meersalz

• Hähnchen abspülen, trocken tupfen und in sechs Teile zerlegen. Sojasauce mit Senf und Honig verrühren und die Hähnchenteile damit bestreichen. Mindestens 2 Std. abgedeckt in den Kühlschrank stellen. Backofen auf 180° (Umluft 160°, Gas Stufe 3) vorheizen.

• Hähnchenteile gut abtropfen lassen. Das Öl in einer großen Pfanne erhitzen und die Hähnchenteile von allen Seiten kräftig anbraten. Teile nebeneinander in einen Bräter legen, mit restlicher Marinade beträufeln und im Backofen etwa 40 Min. braten.

• Inzwischen die Tomaten vorsichtig abspülen, sodass sie am Stängel bleiben, trocken tupfen und mit dem Rosmarin in eine ofenfeste Form legen. Mit restlichem Öl aus der Pfanne beträufeln und mit grobem Meersalz bestreuen.

• Form mit den Tomaten nach 20 Min. zum Hähnchen in den Ofen schieben und noch etwa 20 Min. mitgaren.

Tipps Hähnchenteile über Nacht in der Marinade liegen lassen; sie nehmen dann die Aromen noch besser auf.

Der Stängel von den Strauchtomaten lässt sich nach dem Garen leicht abnehmen.

Hähnchen in Portwein

einfach | für Gäste

4 Portionen
Zubereitungszeit 50 Min.
Garzeit 25 Min.
Pro Portion **ca. 775 kcal, E 73 g, F 43 g, KH 10 g**

2	kleine Brathähnchen oder Perlhühner (je etwa 800 g)
	Salz, frisch gemahlener Pfeffer
	frisch geriebene Muskatnuss
4 EL	Öl
4–6	Chicoréestauden
100 ml	Portwein
100 ml	Madeira-Wein
200 g	Crème fraîche

- Die Hähnchen abspülen, mit Küchenkrepp gut trocken tupfen und in Brust und Keule zerlegen. Die Teile mit Salz, Pfeffer und Muskatnuss einreiben.
- Das Öl in einer Pfanne erhitzen und die Hähnchenteile darin anbraten (die Keulen etwa 10 Min., die Bruststücke 6 Min.). Das Fleisch aus der Pfanne nehmen. Den Backofen auf 180° (Umluft 160°, Gas Stufe 3) vorheizen.
- Die Chicoréestauden längs halbieren und den Strunk keilförmig herausschneiden. Die Chicoréehälften im Bratfett anbraten und in eine ofenfeste Form legen.
- Portwein und Madeira zum Bratfett in die Pfanne gießen und bei großer Hitze etwa 2 Min. einkochen lassen. Crème fraîche dazugeben und unterrühren.
- Die Sauce über den Chicorée in die Form gießen und die Geflügelteile darauflegen. Die Form in den Backofen schieben und Hühnerteile und Chicorée in etwa 25 Min. garen. Eventuell mit Salz und Pfeffer nachwürzen.

Dazu Baguette oder Salzkartoffeln

Tipp **Statt zwei kleiner Brathähnchen kann auch ein großes Hähnchen genommen werden. Großes Hähnchen in acht Teile schneiden, wie beschrieben in der Pfanne anbraten und die Garzeit im Backofen eventuell um etwa 10 Min. verlängern.**

Hähnchen mit Polentakruste

einfach

2	**Portionen**
	Zubereitungszeit 40 Min.
Pro Portion	**ca. 485 kcal, E 36 g, F 27 g, KH 25 g**

300 g	Hähnchenbrustfilet
1 EL	Mehl
1	Ei
6 EL	Instant-Polenta
	Salz
2 EL	Öl
1	kleine rote Zwiebel
½	Zitrone
½	Mango
½	Avocado
4 Stängel	Koriandergrün
	frisch gemahlener Pfeffer

- Den Backofen auf 180° (Umluft 160°, Gas Stufe 3) vorheizen. Die Hähnchenbrustfilets abspülen und mit Küchenkrepp gut trocken tupfen. Das Mehl auf einen flachen Teller streuen. Das Ei auf einem Teller mit einer Gabel verschlagen. Polenta und 2–3 Prisen Salz vermischen und auf einen flachen Teller geben.

- Hähnchenfleisch zuerst im Mehl, dann im Ei und zum Schluss in der Polenta wälzen. Das Öl in einer Pfanne erhitzen und die Filets von beiden Seiten darin anbraten. Filets in eine ofenfeste Form legen und im Ofen in 15–20 Min. fertig backen.

- Kurz vor Ende der Garzeit für die Avocado-Salsa die Zwiebel abziehen und fein würfeln. Zitrone auspressen. Mango und Avocado schälen und ebenfalls fein würfeln. Zwiebel, Mango und Avocado vorsichtig mischen und mit Zitronensaft beträufeln.

- Koriandergrün abspülen, trocken schütteln und die Blätter abzupfen. Blätter in feine Streifen schneiden und mit der Avocado-Salsa mischen. Mit Salz und Pfeffer abschmecken und zur Hähnchenbrust servieren.

Tipp **Die Salsa erst kurz vor dem Servieren zubereiten. Das Avocadofruchtfleisch färbt sich an der Luft schnell dunkel.**

Italienisches Hühnerragout

braucht Zeit | gut vorzubereiten

6	**Portionen**
	Zubereitungszeit 1 Std.
	Garzeit 1 Std. 15 Min.
	Abkühlzeit etwa 12 Std.
Pro Portion	**ca. 555 kcal, E 47 g, F 35 g, KH 13 g**

1 Bund	Suppengrün
1	großes Hähnchen (etwa 1,4 kg)
	Salz
12	kleine schwarze Oliven ohne Stein
50 g	getrocknete Tomaten in Öl
2 Stangen	Staudensellerie
150 g	braune Champignons
1	Schalotte
2 EL	Olivenöl
	frisch gemahlener Pfeffer
60 g	Butter
80 g	Mehl
½	Zitrone

- Das Suppengrün putzen, abspülen und in grobe Stücke schneiden. Hähnchen kalt abspülen, mit dem Suppengrün in einen großen Topf geben und so viel kaltes Salzwasser angießen, dass das Hähnchen knapp bedeckt ist.
- Wasser langsam aufkochen. Hähnchen bei kleiner Hitze etwa 1 Std. 15 Min. sanft kochen lassen. Das Fleisch in der Brühe am besten über Nacht abkühlen lassen.
- Hähnchen herausnehmen und das Fleisch von Haut und Knochen lösen. Die Brühe durch ein Sieb gießen, das Fett abschöpfen und knapp 1½ l von der Brühe abmessen. Das Hähnchenfleisch in mundgerechte Stücke teilen.
- Oliven und getrocknete Tomaten in Streifen schneiden. Staudensellerie putzen, abspülen, entfädeln und fein würfeln. Die Champignons putzen und in Scheiben schneiden. Schalotte abziehen und fein würfeln.
- Champignons und Schalotten in heißem Öl anbraten, salzen und pfeffern. Tomaten, Oliven und Sellerie dazugeben, kurz braten und beiseitestellen.
- Butter in einem Topf erhitzen und das Mehl unter Rühren andünsten. Mit einem Schneebesen kräftig rühren und nach und nach die Hühnerbrühe dazugießen. Sauce langsam unter Rühren zum Kochen bringen und bei kleiner Hitze 5 Min. dicklich einkochen.
- Fleischstücke in die Sauce legen und erhitzen. Ragout mit Salz, Pfeffer und Zitronensaft abschmecken. Vor dem Servieren das Gemüse darüber verteilen.

Dazu Reis

Spargel mit Hähnchenbrust

für Gäste

4	**Portionen**
	Zubereitungszeit 45 Min.
Pro Portion	**ca. 385 kcal, E 45 g, F 18 g, KH 7 g**

1,5 kg	weißer Spargel
150 g	Stilfser- oder Butterkäse
120 ml	Milch
600 g	Hähnchenbrustfilet
	Salz, frisch gemahlener Pfeffer
4	frische Lorbeerblätter
½ Bund	Thymian
1 EL	Butter
evtl. 1–2 EL	weißer Portwein
2	Eigelbe

- Den Spargel schälen und die holzigen Enden abschneiden. Den Käse sehr fein würfeln, mit der Milch in einen kleinen Topf geben und etwa 30 Min. einweichen lassen. Inzwischen die Hähnchenbrustfilets abspülen, mit Küchenkrepp trocken tupfen und mit Salz und Pfeffer würzen. Je 1 Lorbeerblatt und 1–2 Stängel Thymian auf jedes Hähnchenbrustfilet legen.

- Spargel in einen Dämpfeinsatz legen. Wasser in einem großen Topf erhitzen und den Dämpfeinsatz hineinstellen. Spargel zugedeckt etwa 10 Min. dämpfen.

- Butter in einer Pfanne schmelzen und die Filets mit der Kräuterseite nach unten hineinlegen. Filets zugedeckt auf beiden Seiten in 4–5 Min. braun braten. Nach dem Wenden den Portwein über die Filets träufeln. Fleisch warm halten.

- Käse und Milch unter Rühren erhitzen. Den Topf von der Herdplatte nehmen. Von der Käsesauce etwa 3 EL abnehmen, etwas abkühlen lassen und mit den Eigelben verrühren. Die Mischung unter ständigem Rühren zur restlichen Käsesauce geben, die Sauce nicht mehr kochen lassen. Spargel und Hähnchenbrustfilets auf einer Platte anrichten.

- Den Bratsud aus der Pfanne zur Käsesauce geben. Sauce mit Salz und Pfeffer würzen und etwas Sauce über Spargel und Hähnchenbrust geben. Restliche Sauce extra dazu reichen.

Dazu neue Kartoffeln

Hähnchenfilet in Sektsauce

schnell | einfach

3	**Portionen**
	Zubereitungszeit 30 Min.
Pro Portion	**ca. 725 kcal, E 42 g, F 11 g, KH 92 g**

350 g	Hähnchenbrustfilet ohne Haut
½ l	trockener Sekt oder ¼ l Brühe + ¼ l Apfelsaft
100 g	Champignons
	Salz
350 g	Bandnudeln
1 Stange	Porree
1 EL	Öl
3 EL	Crème fraîche
evtl. 1–2 EL	heller Saucenbinder
	frisch gemahlener Pfeffer
	Zucker

- Die Hähnchenfilets abspülen und mit Küchenkrepp trocken tupfen. Filets in einen kleinen Topf legen, mit Sekt begießen und diesen zum Kochen bringen. Hähnchenfilets zugedeckt bei sehr kleiner Hitze 10–12 Min. gar ziehen lassen.
- Inzwischen die Champignons putzen, mit Küchenkrepp abreiben und in Scheiben schneiden.
- Hähnchenfilets aus dem Topf nehmen und warm halten. Nudeln in reichlich Salzwasser nach Packungsanweisung bissfest kochen.
- Inzwischen den Porree putzen, abspülen und halbieren. Die Porreeblätter längs in feine Streifen schneiden.
- Das Öl in einer Pfanne erhitzen und die Champignons und den Porree darin anbraten. Den Sekt aus dem Topf dazugießen und etwas einkochen lassen. Crème fraîche unterrühren und die Sauce evtl. mit Saucenbinder binden.
- Die Sauce mit Salz, Pfeffer und etwas Zucker abschmecken. Hähnchenfilets in Scheiben schneiden.
- Die Nudeln in ein Sieb gießen, kurz abtropfen lassen und mit der Sektsauce mischen. Auf Tellern anrichten und mit den Hähnchenscheiben belegen.

Gegrillte Hähnchenspieße

einfach | braucht Zeit

4 Portionen
Zubereitungszeit 1 Std.
Garzeit 1 Std.
Marinierzeit 3 Std.
Pro Portion **ca. 660 kcal, E 43 g, F 50 g, KH 10 g**

- 1 kg Auberginen
- 2 mittelgroße rote Zwiebeln
- 2 Knoblauchzehen
- 1 große Zitrone
- 10 EL Olivenöl
- 250 g Sahnejoghurt
- Salz, frisch gemahlener Pfeffer
- 1 Brathähnchen (etwa 1,2 kg)
- 12 frische Lorbeerblätter
- 1 Bund Rauke

• Den Backofen auf 180° (Umluft 160°, Gas Stufe 3) vorheizen. Für die Sauce die Auberginen abspülen und rundherum mit einer Gabel mehrmals einstechen. Auberginen und ungeschälte Zwiebeln auf den Backofenrost legen, die Fettpfanne darunterschieben und das Gemüse im Backofen etwa 1 Std. backen.

• Auberginen etwas abkühlen lassen, halbieren und mit einem Löffel das Fruchtfleisch herauskratzen. Zwiebeln halbieren und das Innere herausdrücken. Knoblauch schälen. Auberginen, Zwiebeln und Knoblauch im Mixer pürieren. Abkühlen lassen. Zitrone auspressen. 4 EL Öl und Joghurt unterrühren und das Püree mit Salz, Pfeffer und etwas Zitronensaft abschmecken. Kalt stellen.

• Für die Spieße das Hähnchen in 12 Teile schneiden, abspülen und trocken tupfen. Restlichen Zitronensaft, 6 EL Öl, Salz und Pfeffer verrühren. Lorbeerblätter dazugeben. Hähnchen und Marinade in einen großen Gefrierbeutel geben und 2–3 Std. marinieren lassen.

• Den Backofengrill vorheizen. Hähnchenteile aus der Marinade nehmen und im Wechsel mit den Lorbeerblättern auf lange Grillspieße stecken. Spieße auf den Backofenrost (Mitte) legen, darunter die Fettpfanne stellen. Unter dem vorgeheizten Grill etwa 10 Min. grillen, mit Zitronenmarinade bestreichen, wenden und weitere 5–10 Min. grillen. Backofenrost in die oberste Einschubleiste schieben und Spieße braun grillen (je Seite etwa 5 Min.).

• Rauke putzen, abspülen und eventuell in Stücke zupfen. Auf eine Platte legen und die Hähnchenspieße darauf anrichten. Die Auberginen-Joghurt-Sauce in einem Glas oder einer Schüssel dazu reichen.

Knusprige Hühnerstreifen

schmeckt Kindern

4	**Portionen**
	Zubereitungszeit 45 Min.
Pro Portion	**ca. 425 kcal, E 44 g, F 18 g, KH 20 g**

60 g	Parmesankäse
½ Bund	glatte Petersilie
60 g	Kartoffelpüreepulver
1 TL	Salz
1 TL	scharfe Paprikaflocken (ersatzweise Cayennepfeffer)
1 TL	edelsüßes Paprikapulver
1 TL	getrockneter Rosmarin
600 g	Hähnchenbrustfilet
40 g	Butter
600 g	reife Tomaten
1	rote Zwiebel
2	Knoblauchzehen
2 EL	Olivenöl
1–2 TL	Zucker
	frisch gemahlener Pfeffer

• Den Backofen auf 200° (Umluft 180°, Gas Stufe 4) vorheizen. Den Parmesan fein reiben. Petersilie abspülen und trocken schütteln. Blättchen abzupfen und fein hacken. Mit dem Parmesan, dem Kartoffelpüreepulver und allen Gewürzen mischen. Mischung auf einen Teller geben.

• Die Hähnchenbrustfilets abspülen, mit Küchenkrepp gut trocken tupfen und längs in 1 cm breite Streifen schneiden.

• Die Butter schmelzen. Hähnchenstreifen nacheinander durch die Butter ziehen und in der Parmesan-Panade wenden.

• Die panierten Hähnchenstücke auf ein mit Backpapier ausgelegtes Backblech legen und im Backofen etwa 25 Min. goldbraun backen.

• Inzwischen für das Tomatenragout die Tomaten abspülen und den Stielansatz herausschneiden. Die Tomaten vierteln und die Kerne herauslösen. Das Fruchtfleisch würfeln. Zwiebel und Knoblauch abziehen und beides fein hacken.

• Das Öl in einer Pfanne erhitzen und die Zwiebel und den Knoblauch glasig dünsten. Zucker und Tomaten zufügen, aufkochen und mit Salz und Pfeffer würzen. Zu den Hähnchenstreifen servieren.

Dazu Pommes frites

Asiatische Hähnchenkebabs

einfach | schnell

4	**Portionen**
	Zubereitungszeit 40 Min.
	Marinierzeit 30 Min.
Pro Portion	**ca. 290 kcal, E 35 g, F 16 g, KH 0 g**

2 Stängel	Zitronengras
20 g	frischer Ingwer
2	Knoblauchzehen
4	Lauchzwiebeln
2 TL	Fenchelsamen
je 1 TL	Kreuzkümmelsamen und Koriandersamen
1	Limette
6 EL	Rapsöl
	Zucker
600 g	Hähnchenbrustfilet

- Das Zitronengras putzen, abspülen und fein hacken. Den Ingwer schälen, den Knoblauch abziehen. Ingwer und Knoblauch fein hacken. Die Lauchzwiebeln putzen und abspülen.

- Fenchelsamen, Kreuzkümmelsamen und Koriandersamen im Mörser grob zerstoßen. Die Limette auspressen. Zitronengras, Ingwer, Knoblauch und Gewürze mit dem Öl verrühren. Die Marinade mit Limettensaft und Zucker abschmecken.

- Hähnchenbrustfilets abspülen und mit Küchenkrepp gut trocken tupfen. Filets waagerecht in der Mitte durchschneiden, sodass aus jedem Filet zwei flache Scheiben werden. Diese zu großen Scheiben flach klopfen. Durch jedes Stück an den langen Rändern zwei Schaschlikspieße stecken. Jeweils 1 Lauchzwiebel quer darüberstecken.

- Die Fleischspieße mit der Marinade bestreichen und mindestens 30 Min. oder über Nacht ziehen lassen. Auf dem heißen Grill 3–5 Min. von jeder Seite grillen.

Dazu Linsensalat und Fladenbrot

Tipp **Wird auf jeder langen Seite des Fleisches ein Schaschlikspieß durchgesteckt, dreht sich das Fleisch beim Anheben nicht um den Spieß herum.**

Klassiker

Coq au Vin

Im Sommer wird das Coq au Vin mit Weißwein zubereitet, im Winter mit Rotwein. Wie wär's? Aber ohne den Speck, feine Kräuter und kleine Champignons kommt es niemals aus.

4	**Portionen**
	Zubereitungszeit 50 Min.
	Garzeit 40 Min.
Pro Portion	**ca. 630 kcal, E 57 g, F 34 g, KH 9 g**

1	Hähnchen (etwa 1,5 kg)
	Salz, frisch gemahlener Pfeffer
100 g	geräucherter durchwachsener Speck
200 g	Schalotten
2	Knoblauchzehen
250 g	Champignons
2 Stängel	Thymian
1 EL	Butter
1 EL	Mehl
2	Lorbeerblätter
½ l	trockener Rotwein (z.B. Merlot)
1 TL	Zucker
2 Stängel	Petersilie

- Das Hähnchen abspülen und mit Küchenkrepp trocken tupfen. In acht Stücke teilen (Step 1) und mit Salz und Pfeffer einreiben. Den Speck fein würfeln.
- Die Schalotten 10 Min. in lauwarmes Wasser legen, dann lassen sie sich besser schälen. Schalotten und Knoblauch abziehen, Knoblauch zerdrücken. Champignons putzen und evtl. halbieren. Thymian abspülen und trocken schütteln.
- Speck in einem Schmortopf bei kleiner Hitze langsam ausbraten, mit einer Schaumkelle herausnehmen (Step 2) und beiseitelegen. Die Butter zum Speckfett geben und die Hähnchenstücke rundum anbraten, wieder herausnehmen.
- Schalotten, Knoblauch und Champignons in den Topf geben und anbraten. Mit Mehl bestäuben. Hähnchen, Speck, Lorbeer und Thymian zufügen. Den Rotwein dazugießen (Step 3) und alles zugedeckt bei mittlerer Hitze 40 Min. schmoren.
- Lorbeer und Thymian entfernen und die Sauce mit Salz, Pfeffer und Zucker abschmecken. Die Petersilie abspülen und trocken schütteln. Blättchen abzupfen und hacken. Coq au Vin mit Petersilie bestreuen und servieren.

1

2

3

Tipp

Der Speck lässt sich besser würfeln, wenn er vorher 1 Std. im Tiefkühler lag.

Hähnchencurry

einfach

4	**Portionen**
	Zubereitungszeit 50 Min.
Pro Portion	**ca. 525 kcal, E 61 g, F 29 g, KH 5 g**

3	Hähnchenkeulen (je etwa 300 g)
450 g	Hähnchenbrustfilet ohne Haut
2 TL	Salz
3 EL	Erdnussöl
200 g	Zwiebeln
2	Knoblauchzehen
1 Stück	frischer Ingwer (2 cm)
je 1 TL	gemahlener Kreuzkümmel, Kurkumapulver und gemahlener Koriander
1–2 TL	Cayennepfeffer
½ TL	Fenchelsamen
200 ml	Hühnerbrühe
200 g	Vollmilchjoghurt
1	Limette

Tipp
Das Curry schmeckt auch mit Putenbrustfilet oder Schweineschnitzel.

• Die Hähnchenkeulen am Gelenk durchschneiden und die Haut abziehen. Das Hähnchenbrustfilet in größere Stücke schneiden. Alle Fleischstücke abspülen, mit Küchenkrepp gut trocken tupfen und mit Salz einreiben.

• Das Öl in einer Pfanne erhitzen und die Hähnchenteile darin von allen Seiten braun anbraten. Wieder herausnehmen.

• Zwiebeln, Knoblauch und Ingwer schälen. Zwiebeln würfeln, Knoblauch und Ingwer fein hacken. Alles in das Bratfett in der Pfanne geben und einige Minuten dünsten, bis die Zwiebeln glasig sind. Die Gewürze und 1 EL Wasser dazugeben und alles etwa 1 Min. kochen lassen.

• Brühe, Joghurt und Hähnchenteile zur Zwiebel-Gewürz-Mischung geben. Alles aufkochen und zugedeckt etwa 30 Min. schmoren lassen.

• Die Limette abspülen, abtrocknen, in schmale Spalten schneiden und zum Servieren auf das Curry geben.

Dazu Reis und Walnuss-Ingwer-Joghurt

Hähnchen mit Backobst

raffiniert

4	**Portionen**
	Zubereitungszeit 30 Min.
	Garzeit 50 Min.
Pro Portion	**ca. 675 kcal, E 51 g, F 29 g, KH 51 g**

1	Hähnchen (etwa 1,4 kg)
	Salz, frisch gemahlener Pfeffer
1	Bio-Zitrone
2 EL	Olivenöl
400 g	kleine festkochende Kartoffeln
2	Knoblauchzehen
150 g	kernlose weiße Trauben
je 100 g	Soft-Aprikosen und Soft-Backpflaumen (oder 200 g einfaches Backobst)
⅛ l	Geflügelfond
⅛ l	Apfelsaft

- Hähnchen abspülen, gut trocken tupfen und in vier oder acht Stücke teilen. Mit Salz und Pfeffer würzen. Zitrone heiß abspülen, abtrocknen und die Schale in feinen Streifen abziehen oder schälen. Zitrone auspressen.
- Hähnchenteile mit Zitronensaft, -schale und Olivenöl mischen und 20 Min. im Kühlschrank marinieren lassen. Backofen auf 200° (Umluft 180°, Gas Stufe 4) vorheizen.
- Kartoffeln gründlich unter fließendem Wasser abbürsten. Knoblauchzehen ungeschält mit der Klinge eines großen Messers zerdrücken.
- Hähnchenteile und Kartoffeln nebeneinander in eine große ofenfeste Form legen. Den Knoblauch zufügen und alles mit der restlichen Hähnchenmarinade beträufeln. Im Ofen etwa 25 Min. garen.
- Die Trauben abspülen. Soft-Früchte und Trauben zum Hähnchen geben und den Geflügelfond und den Apfelsaft dazugießen. Alles zusammen weitere 25 Min. im Ofen garen. In der Form servieren.

Tipps Besonders hübsch sieht es aus, wenn die Trauben noch an ihren Rispen hängen.

Backobst eventuell in Wasser einweichen, dann sind die Früchte weicher.

Mediterranes Hähnchenfilet

schnell | einfach

2	**Portionen**
	Zubereitungszeit 30 Min.
Pro Portion	**ca. 470 kcal, E 35 g, F 31 g, KH 14 g**

175 g	Aubergine
	Meersalz
1	Zwiebel
1	Knoblauchzehe
200 g	Zucchini
250 g	Kirschtomaten
250 g	Hähnchenbrustfilet
4–5 EL	Olivenöl
30 g	Tomatenmark
50 g	schwarze Oliven mit Stein
	frisch gemahlener Pfeffer
1 Prise	Zucker
1 TL	Rosmarinnadeln
2 Stängel	Thymian
5 Stängel	Basilikum
	evtl. frische Kräuter zum Bestreuen

• Aubergine putzen, abspülen und in Stücke schneiden. Stücke auf einem Backblech ausbreiten und mit ½ EL Meersalz bestreuen. Etwa 10 Min. ziehen lassen.

• Inzwischen Zwiebel und Knoblauch abziehen. Zwiebel in Spalten schneiden, Knoblauch fein hacken. Zucchini putzen, abspülen und in Stücke schneiden. Tomaten abspülen und eventuell halbieren.

• Hähnchenfleisch abspülen, mit Küchenkrepp trocken tupfen und in kleine Stücke schneiden. Das Salz von den Auberginenstücken abspülen und die Würfel gut trocken tupfen.

• Den Wok erhitzen. 2 EL Öl hineingeben und die Zwiebelspalten und die Auberginenstücke bei starker Hitze anbraten. Zucchini, Tomaten und Knoblauch zufügen und bei mittlerer Hitze braten, bis alles goldbraun ist.

• Tomatenmark mit 100 ml Wasser anrühren und unter das Gemüse rühren. Alles zum Kochen bringen, das Hähnchenfleisch dazugeben und etwa 5 Min. mitkochen. Kurz vor Ende der Garzeit die Oliven dazugeben und kurz erwärmen. Mit Salz, Pfeffer und Zucker abschmecken.

• Rosmarin, Thymian und Basilikum abspülen, trocken schütteln und die Blätter und Nadeln fein hacken. Die Kräuter und das restliche Öl verrühren und über Gemüse und Hähnchen träufeln. Eventuell frische Kräuter darüberstreuen.

Dazu geröstetes Brot

Hähnchenkeulen mit Tomaten

preiswert | für Gäste

4	**Portionen**
	Zubereitungszeit 30 Min.
	Garzeit 45 Min.
Pro Portion	**ca. 670 kcal, E 49 g, F 47 g, KH 13 g**

4	Hähnchenkeulen (je etwa 250 g)
40 g	grüne Oliven ohne Stein
	Salz, frisch gemahlener Pfeffer
4 EL	Olivenöl
1 kg	Strauchtomaten
2	Zwiebeln
8–10	frische Salbeiblätter
75 g	schwarze Oliven
2	Knoblauchzehen
200 ml	Tomatensaft
2 EL	Tomatenmark
1 EL	Honig

Tipp

Statt Salbei einen kleinen Zweig Rosmarin zu den Tomaten geben.

• Die Hähnchenkeulen kalt abspülen, mit Küchenkrepp trocken tupfen und die Haut mit den Fingern ein wenig vom Fleisch lösen, sodass eine Tasche entsteht.

• Grüne Oliven in Scheiben schneiden und zwischen Haut und Fleisch stecken. Hähnchenkeulen mit Salz und Pfeffer einreiben. Das Öl in einer Pfanne erhitzen und die Keulen darin scharf anbraten. Den Backofen auf 200° (Umluft 180°, Gas Stufe 4) vorheizen.

• Tomaten kalt abspülen, trocken tupfen und den Stielansatz keilförmig herausschneiden. Zwiebeln abziehen. Tomaten und Zwiebeln in Scheiben bzw. Ringe schneiden. Mit den Salbeiblättern in eine ofenfeste Form geben und salzen. Das Öl aus der Pfanne darüberträufeln und die Keulen darauflegen. Schwarze Oliven zwischen dem Fleisch verteilen. Hähnchenkeulen in den Ofen schieben und 40–45 Min. braten.

• Inzwischen den Knoblauch abziehen und durch eine Knoblauchpresse drücken. Tomatensaft, Tomatenmark, Honig und Knoblauch verrühren. Die Keulen und das Gemüse nach 25 Min. gleichmäßig damit bestreichen oder beträufeln. Wenn die Keulen zu dunkel werden, gegen Ende der Garzeit mit Alufolie abdecken.

Putenfilet-Gemüse-Spieße

einfach | schmeckt Kindern

3 Portionen
Zubereitungszeit 30 Min.
Marinierzeit 30 Min.
Pro Portion ca. 360 kcal, E 34 g, F 18 g, KH 14 g

- 400 g Putenbrustfilet
- 1 Zitrone
- 1 EL Zitronenpfeffer
- 1 Msp. gerebelter Thymian
- 5 EL Olivenöl
- 1–2 EL flüssiger Honig
- 100 g gelbe oder rote Kirschtomaten
- 1 gelber oder grüner Zucchino
- 1 gelbe Paprikaschote

• Das Putenbrustfilet kalt abspülen, mit Küchenkrepp trocken tupfen und in grobe Würfel schneiden.

• Die Zitrone auspressen. Zitronensaft, Zitronenpfeffer, Thymian, 3 EL Öl und den Honig verrühren und mit den Fleischwürfeln mischen. Fleisch 30 Min. im Kühlschrank marinieren lassen.

• Die Tomaten abspülen und trocken tupfen. Zucchino abspülen, trocken tupfen, längs halbieren und in nicht zu dünne Scheiben schneiden. Paprika putzen, abspülen und das Fruchtfleisch in Rauten schneiden.

• Fleisch und Gemüse im Wechsel auf Schaschlikspieße stecken. Restliches Öl in einer großen Pfanne erhitzen und die Spieße darin rundherum etwa 5 Min. braun braten.

Dazu Country-Kartoffeln und Tomatensauce, Mais-Risotto oder Reis

Tipps **Gemüse, das nicht auf die Spieße passt, in einer Pfanne anbraten, salzen und dazureichen.**

Fleisch und Gemüse mit gekochtem Reis können auch portionsweise in einer großen Pfanne gebraten und zu einer köstlichen Reispfanne gemischt werden. Auch dazu passt Tomatensauce.

Entenbrust aus dem Wok

schnell | einfach

2	**Portionen**
	Zubereitungszeit 30 Min.
Pro Portion	**ca. 285 kcal, E 28 g, F 12 g, KH 15 g**

2	Knoblauchzehen
75 g	frischer Ingwer
150 g	Möhren
4	Lauchzwiebeln
100 g	Mini-Pak-Choi (Asia-Laden)
250 g	Entenbrustfilet
1 EL	Erdnussöl
2–3 TL	Hoisin-Sauce (Asia-Laden)

- Knoblauch abziehen, Ingwer schälen. Beides in Stifte schneiden. Möhren schälen und schräg in Scheiben schneiden.
- Lauchzwiebeln putzen, abspülen und in Stücke schneiden. Pak-Choi abspülen, putzen und längs in dünne Streifen schneiden.
- Entenbrustfilet abspülen, trocken tupfen, die Haut ablösen und das Fleisch in Scheiben schneiden.
- Das Öl in einem Wok oder einer großen Pfanne erhitzen und das Fleisch darin anbraten. Knoblauch und Ingwer zufügen und etwa 2 Min. mitbraten.
- Lauchzwiebeln und Pak-Choi in den Wok geben und kurz anbraten. 100 ml Wasser und die Hoisin-Sauce dazugießen, alles aufkochen und kurz ziehen lassen, bis das Gemüse gerade gar und noch knackig ist.

Dazu gekochten Reis

Tipps **Wer mag, schneidet die Entenhaut in feine Streifen und brät sie im Wok knusprig aus. Die Streifen über das fertige Gericht geben.**

Hoisin-Sauce, auch Pekingsauce genannt, ist eine dickflüssige dunkle Würzsauce aus Sojabohnen, Chili, Knoblauch, Salz und Gewürzen mit süßlichscharfem Geschmack. Ersatzweise Sojasauce nehmen.

Entenbrust mit Pilzen

raffiniert | schnell

3 Portionen
Zubereitungszeit 30 Min.
Pro Portion **ca. 360 kcal, E 28 g, F 23 g, KH 8 g**

1	Entenbrustfilet (etwa 350 g)
	Szechuan-Pfeffer
je 150 g	Austernpilze, braune Champignons und Shiitake-Pilze
25 g	getrocknete Wolkenpilze (Asia-Laden)
200 g	Zuckerschoten
3	Lauchzwiebeln (etwa 200 g)
	Salz
1–2	Sternanis
2	Nelken
1 Prise	gemahlener Zimt
150 ml	Entenfond (aus dem Glas)
4 EL	Reiswein
2 TL	Reisstärke
1–2 TL	geröstetes Sesamöl

• Das Entenbrustfilet abspülen und mit Küchenkrepp gut trocken tupfen. Fleisch der Länge nach in sechs Streifen schneiden und mit Szechuan-Pfeffer einreiben.

• Die frischen Pilze putzen und größere klein schneiden. Die Wolkenpilze in Stücke brechen und in kaltem Wasser einweichen. Die Zuckerschoten abspülen und die Enden knapp abschneiden. Lauchzwiebeln putzen, abspülen und in Stücke schneiden.

• Einen Wok ohne Fett erhitzen. Die Fleischstreifen darin rundherum braun anbraten und wieder herausnehmen. Fleisch salzen und in Alufolie gewickelt im Backofen warm halten.

• Die frischen Pilze im Entenbratfett anbraten. Zuckerschoten und Lauchzwiebeln dazugeben und kurz mitbraten. Die abgetropften Wolkenpilze, die Gewürze und den Entenfond zufügen und alles einmal aufkochen lassen. Reiswein und Reisstärke verrühren, dazugeben und alles noch einmal aufkochen lassen. Mit Salz, Szechuan-Pfeffer und Sesamöl abschmecken. Die Entenstreifen auf das Gemüse legen und sofort servieren.

Dazu Basmatireis

Tipp **Szechuan-Pfeffer ist sehr intensiv und schmeckt leicht parfümiert. Er stammt von den Gelbholzbäumen in China. Man findet ihn auch unter den Namen Sansho-, Anis- oder chinesischer Pfeffer. Möglichst nicht auf die Körner beißen, der Geschmack übertönt die anderen Aromen.**

Gänsekeulen mit Grünkohl

für Gäste | braucht Zeit

4	**Portionen**
	Zubereitungszeit 50 Min.
	Garzeit 1 Std. 40 Min.
Pro Portion	**ca. 665 kcal, E 45 g, F 40 g, KH 29 g**

4	Gänsekeulen (je 400 g)
	Salz, frisch gemahlener Pfeffer
1,2 kg	Grünkohl
2	Zwiebeln
300 ml	Gemüsebrühe
	frisch geriebene Muskatnuss
500 g	Kartoffeln

• Den Backofen auf 200° (Umluft 180°, Gas Stufe 4) vorheizen Die Gänsekeulen abspülen, trocken tupfen und mit Salz und Pfeffer würzen. Die Keulen ohne Fett in einem schweren Topf oder einer Pfanne (backofengeeignet) rundherum braun anbraten. Die Keulen im Topf in den heißen Ofen schieben und 1 Std. schmoren.

• Inzwischen den Grünkohl gründlich abspülen, Blätter kleiner zupfen und abtropfen lassen. Die Zwiebeln abziehen und in Würfel schneiden.

• Den Topf aus dem Ofen holen und die Keulen herausnehmen. Die Zwiebeln und den Grünkohl im ausgebratenen Gänsefett 5 Min. unter Rühren anbraten. Die Brühe dazugießen und einmal aufkochen lassen. Mit Salz, Pfeffer und frisch geriebener Muskatnuss würzen.

• Die Keulen auf den Grünkohl legen und alles zugedeckt 40 Min. weiterschmoren. Inzwischen die Kartoffeln schälen und grob reiben. In den Schmortopf auf den Grünkohl geben und 15 Min. mitgaren.

• Den Topf aus dem Backofen nehmen, die Gänsekeulen herausnehmen, die Kartoffeln mit dem Kohl vermischen und mit Salz und Peffer abschmecken. Die Keulen auf den Kohl legen und servieren.

Tipps Wer einen kräftigen Rauchgeschmack im Grünkohl liebt, schmort ein Stück geräucherte Speckschwarte mit.

Grünkohl aus der Dose spart ein bisschen Arbeit bei der Vorbereitung, verkürzt aber nicht die Garzeit im Backofen. Die Keulen müssen aber trotzdem 40 Min. mit dem Kohl schmoren.

Spezialitäten

Spanien, Thailand, USA, Indien, Japan, Frankreich, Nordafrika und Italien – manchmal braucht man nur einen Herd, um die Welt zu entdecken. Und natürlich ein paar Gäste, denn diese Köstlichkeiten müssen Sie einfach mit anderen teilen!

Feine Leberpastete

einfach

8 Portionen
Zubereitungszeit 1 Std.
Ruhezeit 12 Std.
Pro Portion ca. 500 kcal, E 23 g, F 26 g, KH 41 g

4 Blatt	weiße Gelatine
500 g	Entenleber
100 g	Zwiebeln
1	Knoblauchzehe
100 g	Butter
100 ml	Sherry oder heller Traubensaft
1	Lorbeerblatt
4	Gewürznelken
2	Wacholderbeeren
150 g	Apfelkompott (aus dem Glas)
50 g	gehackte Pistazien
	Salz, frisch gemahlener Pfeffer
200 g	Sahne
150 ml	Aceto balsamico
1 TL	Honig

• Gelatine nach Packungsanweisung in kaltem Wasser einweichen. Die Entenlebern von Fett und Häutchen befreien, abspülen und gut trocken tupfen. Zwiebeln und Knoblauch abziehen und fein hacken.

• Butter in einer Pfanne erhitzen. Lebern, Zwiebeln und Knoblauch hellbraun anbraten. Sherry, Lorbeerblatt, Nelken und Wacholder zufügen und mitgaren. Die Pfanne vom Herd nehmen und die ausgedrückte Gelatine zufügen.

• Die Mischung im Blitzhacker oder mit dem Pürierstab fein pürieren und durch ein feines Sieb streichen.

• Das Apfelkompott und 40 g gehackte Pistazien unterrühren und mit Salz und Pfeffer abschmecken. Kalt stellen. Sahne steif schlagen und unter die kalte Lebercreme ziehen. Nochmals mit Salz und Pfeffer abschmecken. Die Creme zugedeckt über Nacht in den Kühlschrank stellen.

• Aceto balsamico und Honig in einem Topf sirupartig einkochen. Aus der Lebercreme Nocken stechen. Mit restlichen Pistazien bestreuen und dem Aceto balsamico beträufeln. Evtl. mit Weintrauben garnieren.

Dazu Baguette

Tipps **Am feinsten schmeckt die Pastete mit Entenleber (beim Metzger vorbestellen). Das Rezept funktioniert aber auch mit anderer Geflügelleber.**

Eingekochten Aceto balsamico gibt es auch fertig zu kaufen.

Geräucherte Entenbrust

braucht Zeit | für Gäste

6 Portionen
Zubereitungszeit 1 Std. 10 Min.
Marinierzeit 24 Std.
Pro Portion **ca. 501 kcal, E 23 g, F 26 g, KH 41 g**

2	Entenbrustfilets (je etwa 350 g)
1 EL	grobes Meersalz
1 EL	brauner Zucker
1 EL	getrocknete Lavendelblüten
1 EL	schwarzer Tee
1 EL	Basmati-Reis
20 g	frischer Ingwer
1 Stängel	Zitronengras
1	Rote Bete (etwa 180 g)
100 ml	Reisessig
100 g	Zucker
	Salz
100 g	Glasnudeln
1	Bio-Limette
½	Bio-Orange
3 Stängel	Koriandergrün
1 EL	Thai-Fischsauce (Asia-Laden)
1 EL	gerösteter Sesam
1 EL	schwarzer Sesam

• Die Entenbrustfilets abspülen, trocken tupfen. Die Haut mit einem scharfen Messer kreuzweise einritzen. Meersalz, Zucker und Lavendel mischen und die Filets damit einreiben. Zugedeckt im Kühlschrank 24 Std. marinieren.

• Entenbrustfilets trocken tupfen und in einer beschichteten Pfanne bei kleiner Hitze auf der Hautseite 6 Min. anbraten. Wenden und weitere 6 Min. braten.

• Tee und Reis in einen Wok geben und die Filets mit der Hautseite nach unten auf ein Gitter darüberlegen. Deckel auflegen und Wok erhitzen. Sobald sich Rauch entwickelt, die Temperatur auf mittlere Hitze reduzieren und die Filets etwa 8 Min. räuchern. Herausnehmen und abkühlen lassen.

• Für den Salat Ingwer schälen, Zitronengras putzen und beides in Scheiben schneiden. Rote Bete schälen und in feine Streifen schneiden. Mit Zitronengras, Ingwer, Reisessig, Zucker und 100 ml Wasser aufkochen und abkühlen lassen.

• Salzwasser aufkochen, Topf vom Herd nehmen und die Glasnudeln etwa 3 Min. im Wasser ziehen lassen, abtropfen lassen und zum Rote-Bete-Sud geben. Limette und Orange heiß abspülen, trocken tupfen und die Schale fein abreiben. Den Saft auspressen.

• Korianderblättchen abspülen und trocken tupfen. Glasnudeln mit Limetten- und Orangensaft und -schale, Fischsauce, Sesam und Koriander würzen und abschmecken. Entenbrustfilets in Scheiben schneiden und mit dem Salat anrichten.

Entenfondue Peking-Art

lässt sich gut vorbereiten | für Gäste

4	**Portionen**
	Zubereitungszeit 1 Std. 30 Min.
Pro Portion	**ca. 635 kcal, E 57 g, F 27 g, KH 39 g**

6 EL	Hoisin-Sauce (Asia-Laden)
3 EL	Brühe
3 EL	geröstetes dunkles Sesamöl (Asia-Laden)
3 EL	Zucker
100 g	Mehl
1 EL	Sesamöl + Sesamöl zum Bestreichen
1 Bund	Lauchzwiebeln
4	Entenbrustfilets (je etwa 250 g)
1 l	Entenfond (aus dem Glas)

Tipp

Sauce und Pfannkuchen am Vortag zubereiten. Pfannkuchen im Backofen bei 150° (Umluft 130°, Gas Stufe 1) etwa 15 Min. erwärmen.

• Für die Sauce Hoisin-Sauce, Brühe, dunkles Sesamöl und Zucker in einen Topf geben und einmal aufkochen lassen. Abkühlen lassen.

• Für die Pfannkuchen Mehl, 1 EL Sesamöl und 75 ml kochendes Wasser zuerst mit einer Gabel, dann mit den Händen zu einem glatten Teig verkneten. Unter einem feuchten Küchentuch etwa 15 Min. ruhen lassen. Teig dünn ausrollen und 16 Kreise (ø etwa 5 cm) ausstechen.

• Die Hälfte der Pfannkuchen mit etwas Sesamöl bestreichen und je 1 unbestrichenen Pfannkuchen daraufdrücken. Doppelte Pfannkuchen auf etwa 15 cm Durchmesser ausrollen. In einer Pfanne nacheinander etwa 1 Min. ohne Fett von beiden Seiten braten, bis der Teig dunkle Sprenkel bekommt und sich aufbläht. Fertige Pfannkuchen stapeln, in Alufolie wickeln und kalt stellen. Zum Servieren im Backofen erwärmen (s. Tipp).

• Lauchzwiebeln putzen, abspülen und in fingerlange Stücke schneiden. An einem Ende fächerartig einschneiden und in kaltes Wasser legen, bis sie sich zu Sträußchen aufgefächert haben.

• Die Entenbrustfilets abspülen, mit Küchenkrepp gut trocken tupfen und die Haut mit der Fettschicht abziehen. Fleisch in dünne Scheiben schneiden und auf lange Holzspieße stecken. Entenfond aufkochen, Fleisch darin rosa garen. Herausnehmen und abtropfen lassen. Je 1 aufgewärmten Pfannkuchen mit Entenbrust und 1 Lauchzwiebel belegen. Sauce darüberträufeln und den Pfannkuchen aus der Hand essen.

Geflügelbällchen mit Salat

für Gäste | raffiniert

6	**Portionen**
	Zubereitungszeit 1 Std. 10 Min.
Pro Portion	**ca. 305 kcal, E 23 g, F 12 g, KH 23 g**

100 g	Couscous
500 g	Hähnchenbrustfilet
je ½ EL	gemahlenes Piment, edelsüßes Paprikapulver und gemahlener Kreuzkümmel
gut ½ EL	gemahlener Kardamom
1	Bio-Orange
3	rote Zwiebeln
1 Bund	Koriandergrün
	Salz, frisch gemahlener Pfeffer
1–2 EL	Öl zum Braten
2	Orangen
30	schwarze Oliven
	Kreuzkümmelsamen zum Bestreuen

- Für die Geflügelbällchen den Couscous in ¼ l kaltes Wasser geben und etwa 15 Min. quellen lassen. Hähnchenbrustfilets abspülen, trocken tupfen und klein würfeln. Mit je ½ EL Piment, Paprika, Kreuzkümmel und Kardamom einreiben und 20 Min. ziehen lassen. Das Fleisch in der Küchenmaschine fein pürieren.

- Bio-Orange heiß abspülen, trocken tupfen und die Schale fein abreiben. 1 Zwiebel abziehen und fein würfeln. Koriandergrün abspülen, trocken schütteln und die Hälfte fein hacken. Restlichen Koriander beiseitelegen.

- Couscous, Hähnchen, Zwiebel, Orangenschale und gehackten Koriander mit den Knethaken des Handrührgerätes verkneten. Mit Salz und Pfeffer würzen. Den Fleischteig mit angefeuchteten Händen zu etwa 30 Bällchen formen. Öl in einer Pfanne erhitzen und die Bällchen portionsweise etwa 7 Min. rundherum goldbraun braten.

- Für den Salat die Orangen so schälen, dass die weiße Haut vollständig entfernt wird. Orangen in Scheiben schneiden. Restliche Zwiebeln abziehen und in dünne Ringe schneiden. Vom übrigen Koriander die Blättchen abzupfen.

- Orangenscheiben, Zwiebelringe, Oliven und Korianderblättchen mischen. Mit Salz, etwas Kardamom und Pfeffer abschmecken und mit etwas Kreuzkümmelsamen bestreuen. Geflügelbällchen auf dem Orangensalat anrichten.

Klassiker

Saté-Spieße mit Ananassalat

Die Spieße sind ein Direktimport aus Asien und haben sich in rasanter Geschwindigkeit zum beliebtesten Fingerfood auf jeder Party entwickelt. Wir haben die Luxusversion mit Kokos und Ananassalat.

4 Portionen
Zubereitungszeit 35 Min.
Marinierzeit 1 Std.
Pro Portion **ca. 500 kcal, E 47 g, F 19 g, KH 19 g**

450 g	Hähnchenbrustfilet
150 g	Erdnussbutter
160 ml	Hühnerbrühe
2 EL	Honig
2 EL	Sojasauce
1 EL	rote Thai-Currypaste (Asia-Laden)
2 EL	Limettensaft
½	Ananas (etwa 320 g)
1	gelbe Paprikaschote
1	rote Zwiebel
200 ml	Kokosmilch
3–4 EL	Kokosraspeln

- Hähnchenbrustfilets abspülen, trocken tupfen und in etwa 2 cm breite Streifen schneiden. In einer großen Form ausbreiten.
- Erdnussbutter, Brühe, Honig, Sojasauce, Currypaste und 1 EL Limettensaft in einer Schüssel verrühren (Step 1). Diese Sauce über die Hähnchenfilets geben, sodass sie damit bedeckt sind (Step 2). Etwa 1 Std. ziehen lassen (oder über Nacht im Kühlschrank).
- Ananas schälen, Paprikaschote vierteln, waschen und entkernen. Zwiebel abziehen und fein hacken. Ananas und Paprika in kleine Würfel schneiden. Ananas, Paprika, Zwiebel und restlichen Limettensaft verrühren.
- Die Hähnchenstreifen aus der Marinade nehmen und auf 16 Holzspießchen stecken (Step 3). Die Saté-Spieße in einer Grillpfanne von beiden Seiten etwa 4 Min. braten oder unter dem vorgeheizten Grill garen.
- Die restliche Erdnusssauce in einen Topf geben, mit der Kokosmilch verrühren und etwa 5 Min. kochen. Saté-Spieße mit Kokosraspeln bestreuen und mit Erdnusssauce und Ananassalat anrichten.

Tipp

Die rote Currypaste kann eventuell durch Sambal oelek ersetzt werden. Diese indonesische Gewürzmischung gibt es auch im Supermarkt.

Entenfilet mit Enoki-Pilzen

raffiniert | etwas teurer

3 **Portionen**
Zubereitungszeit 30 Min.
Pro Portion **ca. 360 kcal, E 33 g, F 20 g, KH 11 g**

1	Entenbrustfilet (etwa 300 g)
etwa 2 EL	Butterschmalz
	Salz, frisch gemahlener Pfeffer
300 g	Shiitake-Pilze
250 g	Enoki-Pilze
750 g	Pak-Choi (Asia-Laden)
125 ml	Sojasauce

- Entenbrustfilet kalt abspülen, mit Küchenkrepp gut trocken tupfen und die Haut ablösen. Das Fleisch in dünne Scheiben, die Haut in Streifen schneiden. Etwas Butterschmalz in einem Wok stark erhitzen und die Entenhaut knusprig braten. Herausnehmen und auf Küchenkrepp abtropfen lassen. Das Fleisch anschließend unter Wenden rundherum kräftig braun anbraten. Mit Salz und Pfeffer würzen und aus dem Wok nehmen.

- Aus den Shiitake-Pilzen die Stiele herausdrehen und die Pilzhüte in Streifen schneiden. Die Enoki-Pilze in kleine Büschel teilen. Den Pak-Choi putzen, abspülen und in Streifen schneiden. Pilze und Pak-Choi nacheinander mit etwas Butterschmalz im Wok anbraten.

- Entenfilet und Sojasauce in den Wok geben und einmal aufkochen lassen. Alles mit einer Schaumkelle aus dem Wok nehmen und vor dem Servieren mit der knusprigen Entenhaut bestreuen.

Tipps **Enoki-Pilze sind fast weiße, hoch gewachsene schlanke Pilze mit kleinen Hüten. Sie wachsen in dichten Büscheln und schmecken auch roh. Leider sind sie nicht immer zu haben, darum am besten beim Gemüsehändler vorbestellen.**

Wer mag, streut noch knusprig ausgebratene Speckstreifen oder gehackte Cashewkerne über das Gericht.

Leber mit Johannisbeersauce

raffiniert

4	**Portionen**
	Zubereitungszeit 30 Min.
Pro Portion	**ca. 380 kcal, E 21 g, F 21 g, KH 21 g**

400 g	Geflügelleber
2	Schalotten
150 g	Schwarze Johannisbeeren
8	kleine Salbeiblätter
2 EL	Butter
2 EL	Öl
	Salz, frisch gemahlener Pfeffer
1–2 EL	Schwarzes Johannisbeergelee (aus dem Glas)
100 ml	trockener Weißwein oder Apfelsaft
	evtl. etwas Weißweinessig
2 EL	flüssiger Honig
3 EL	Nussöl (z. B. Walnussöl)
je ½ Kopf	Lollo rossa und Radicchio-Salat
200 g	Kirschtomaten

• Die Leber putzen, dabei Fett und Sehnen entfernen. Leber abspülen, trocken tupfen und in mundgerechte Stücke schneiden. Schalotten abziehen und in dünne Ringe schneiden. Johannisbeeren abspülen, trocken tupfen und putzen. Salbeiblätter abspülen und trocken tupfen.

• Butter und Öl in einer Pfanne erhitzen. Die Salbeiblätter kross braten und auf Küchenkrepp abtropfen lassen. Die Leber in das heiße Fett geben und bei kleiner Hitze etwa 5 Min. braten, dabei einmal wenden. Mit Salz und Pfeffer würzen, herausnehmen und abdecken.

• Johannisbeergelee und Weißwein oder Apfelsaft in die Pfanne geben, gut verrühren und mit Salz, Pfeffer, evtl. etwas Essig und dem Honig abschmecken. Das Öl unterschlagen. Die Johannisbeeren dazugeben und im heißen Sud schwenken. Salatblätter putzen, abspülen, in Stücke zupfen und trocken schleudern. Kirschtomaten putzen, abspülen und halbieren.

• Salatblätter, Tomaten und Leber anrichten. Den Johannisbeersud darübergeben und das Gericht mit Salbeiblättern und Schalottenringen bestreuen.

Hähnchen in Kokosmilch

einfach

3 Portionen
Zubereitungszeit 50 Min.
Pro Portion ca. 315 kcal, E 36 g, F 14 g, KH 9 g

400 g Hähnchenbrustfilet
1 EL Speisestärke
1 Gemüsezwiebel
2 große orange Chilischoten
2 Stangen Zitronengras
3 EL Öl
250 ml Kokosmilch
2 EL Fischsauce (Asia-Laden)
2 TL gemahlener Koriander
1 Limette
Korianderblättchen, Chilischote und Zitronengrasscheiben zum Anrichten

- Das Hähnchenfleisch abspülen und mit Küchenkrepp gut trocken tupfen. Das Fleisch in Streifen schneiden und mit der Speisestärke bestäuben.
- Die Gemüsezwiebel abziehen und grob würfeln. Die Chilischoten halbieren, die weißen Kerne und Trennwände entfernen und das Fruchtfleisch in Streifen schneiden. Das Zitronengras putzen, abspülen und die Stängel zerstoßen.
- 2 EL ÖL in einem Topf erhitzen und das Hähnchenfleisch darin rundherum hellbraun anbraten, aus dem Topf nehmen. Die Zwiebelwürfel im restlichen Öl anbraten und das Hähnchenfleisch wieder in den Topf geben.
- Die Kokosmilch dazugießen. Chilischoten, Zitronengras, Fischsauce und gemahlenen Koriander dazugeben und alles etwa 10 Min. bei kleiner Hitze kochen lassen. Die Limette auspressen und die Sauce mit Limettensaft abschmecken.
- Das Hähnchen in Kokosmilch in vorgewärmten Schälchen anrichten und mit Korianderblättchen, ½ Chilischote und 1 Scheibe Zitronengras anrichten und sofort servieren.

Dazu gedämpften Reis

Tipp **Wer es gern scharf mag, gibt noch etwas rote Chilipaste oder eine Messerspitze Sambal oelek dazu.**

Hühnerfrikassee

braucht Zeit | für Gäste

6	**Portionen**
	Zubereitungszeit 1 Std.
	Garzeit 1 Std. 15 Min.
Pro Portion	**ca. 635 kcal, E 50 g, F 42 g, KH 12 g**

1	Hähnchen (1,4 kg)
1 Bund	Suppengrün
1	Lorbeerblatt
1 TL	schwarze Pfefferkörner
	Salz
250 g	kleine weiße Champignons
60 g	Butter
70 g	Mehl
100 ml	trockener Weißwein oder Brühe mit etwas Zitronensaft
250 g	TK-Erbsen
1–2	Eigelbe
200 g	Sahne
1–2 EL	Kapern
	frisch gemahlener Pfeffer
	etwas Zitronensaft

• Das Hähnchen innen und außen gründlich abspülen, Fett aus dem Bauch entfernen und den Bürzel (Fettdrüse) abschneiden. Hähnchen in einen Topf geben und so viel kaltes Wasser dazugießen, dass es knapp bedeckt ist.

• Suppengrün putzen, abspülen und in kleine Würfel schneiden. Mit Lorbeer, Pfefferkörnern und Salz zum Hähnchen geben. Wasser langsam aufkochen lassen. Hähnchen bei kleiner Hitze etwa 1 Std. 15 Min. kochen lassen.

• Das Hähnchen aus der Brühe nehmen, abkühlen lassen und das Fleisch von Haut und Knochen lösen. Hähnchenfleisch in mundgerechte Stücke schneiden. Brühe durch ein Sieb gießen und etwa 800 ml Brühe abmessen. Champignons putzen und eventuell halbieren.

• Butter in einem großen Topf schmelzen lassen. Mehl darüberstäuben und unter Rühren andünsten. Nach und nach Brühe und Weißwein dazugießen, dabei ständig mit dem Schneebesen rühren, damit keine Klümpchen entstehen.

• Die Sauce bei kleiner Hitze etwa 5 Min. kochen lassen. Pilze und Erbsen dazugeben und nochmals 3–4 Min. kochen. Hähnchenfleisch dazugeben und die Sauce einmal aufkochen lassen.

• Eigelbe und Sahne verquirlen. Den Topf von der Herdplatte nehmen und die Eisahne in die Sauce rühren. Erwärmen, aber nicht mehr kochen lassen. Die Kapern einrühren. Frikassee mit Salz, Pfeffer und Zitronensaft abschmecken.

Spaghetti mit Entenragout

raffiniert

2	**Portionen**
	Zubereitungszeit 45 Min.
Pro Portion	**ca. 725 kcal, E 47 g, F 21 g, KH 69 g**

2 EL	Rosinen
4 EL	Calvados (Apfelbranntwein) oder Orangensaft
1	Entenbrustfilet (300–400 g)
100 g	Staudensellerie
2	Schalotten
1 TL	Tomatenmark
2 TL	Mehl
400 ml	Entenfond (aus dem Glas)
2 EL	Pinienkerne
150 g	Spaghetti
	Salz
1 EL	Olivenöl
2 Stängel	Majoran
	frisch gemahlener Pfeffer

• Die Rosinen abspülen und im Calvados einweichen. Das Entenbrustfilet abspülen und mit Küchenkrepp trocken tupfen. Die Haut ablösen und das Fleisch in kleine Würfel scheiden. Die Haut beiseitelegen.

• Den Sellerie putzen, abspülen, entfädeln und in dünne Scheiben schneiden. Die Schalotten abziehen und fein würfeln.

• Die Hälfte von der fetten Entenhaut bei mittlerer Hitze in einem Schmortopf auslassen. Die ausgebratene Haut entfernen. Das Entenfleisch im Entenfett rundherum anbraten.

• Schalotten und Sellerie zufügen und etwa 4 Min. mitbraten. Tomatenmark unterrühren und Mehl darüberstäuben. Rosinen mit dem Calvados und den Entenfond dazugießen und alles zugedeckt etwa 20 Min. schmoren lassen. Pinienkerne unterrühren.

• Die Nudeln in reichlich sprudelndem Salzwasser nach Packungsangabe bissfest kochen. In ein Sieb gießen, abtropfen lassen und mit etwas Olivenöl mischen. Warm halten.

• Den Majoran abspülen, trocken schütteln und die Blättchen abzupfen. Das Entenragout mit Salz und Pfeffer abschmecken und mit den Majoranblättchen mischen. Mit den Spaghetti anrichten.

Hühnersuppe mit Eierstich

braucht Zeit | gut vorzubereiten

5	**Portionen**
	Zubereitungszeit 1 Std.
	Garzeit 1 Std.
Pro Portion	**ca. 540 kcal, E 63 g, F 29 g, KH 7 g**

1	Hähnchen (etwa 1,5 kg)
1 Bund	Suppengrün
1	Fleischtomate
1	Zwiebel
	Salz
5	Pfefferkörner
2	Eier
⅛ l	Milch
	frisch gemahlene Muskatnuss
	Butter für die Tassen
2	Möhren
150 g	TK-Erbsen
evtl. 1 EL	Sherry
2 Stängel	glatte Petersilie

Tipp

Als Einlage passen außerdem gut: Reis, feine Grießklößchen oder Fadennudeln.

• Das Hähnchen außen und innen abspülen. Suppengrün putzen und grob zerkleinern, Tomate halbieren. Die Zwiebel mit Schale halbieren und mit den Schnittflächen nach unten in einem großen Topf ohne Fett braun rösten.

• Das Hähnchen, das vorbereitete Gemüse, 1 ½ Liter kaltes Wasser, Salz und Pfefferkörner in den Topf geben. Aufkochen und alles bei kleiner Hitze 1 Std. kochen. Inzwischen für den Eierstich Eier, Milch, Salz und Muskat verquirlen und in zwei eingefettete Tassen füllen. Die Tassen in einen Topf mit siedendem Wasser stellen und die Eier zugedeckt bei kleiner Hitze in 20–25 Min. stocken lassen.

• Das Hähnchen aus der Brühe heben und etwas abkühlen lassen. Brühe durch ein Sieb gießen und aufkochen. Möhren schälen, in feine Streifen schneiden, mit den Erbsen in die Brühe geben und 5 Min. kochen. Eierstich aus den Tassen stürzen und in Würfel schneiden.

• Das Hähnchenfleisch von Haut und Knochen lösen, in mundgerechte Stücke teilen und in die Suppe geben. Mit Salz, Muskatnuss und evtl. Sherry abschmecken. Petersilie abspülen, trocken tupfen und die Blättchen abzupfen. Eierstich in die Suppe geben und mit Petersilienblättchen bestreuen.

Geflügelfrikadellen

für ein Büfett

etwa 20	**Stück**
	Zubereitungszeit 45 Min.
Pro Stück	**ca. 90 kcal, E 9 g, F 4 g, KH 4 g**

600 g	Geflügelbrustfilet (Hähnchen und Pute gemischt)
1 Bund	Rauke
100 g	Feta-Käse
150 g	Crème fraîche
150 g	Vollmilchjoghurt
8–10 EL	Semmelbrösel
	Salz, frisch gemahlener Pfeffer
	Öl zum Braten
	einige Kirschtomaten für die Deko

- Das Fleisch abspülen, mit Küchenkrepp trocken tupfen und in sehr feine Würfel schneiden oder durch einen Fleischwolf drehen.
- Die Rauke abspülen, trocken schütteln und die Hälfte fein hacken. Den Fetakäse mit einer Gabel zerdrücken und mit Crème fraîche und Joghurt glatt rühren. Fleisch, gehackte Rauke und Semmelbrösel dazugeben und alles mit den Knethaken des Handrührgeräts zu einem glatten Fleischteig verkneten. Mit Salz und Pfeffer kräftig würzen.
- Aus dem Teig mit angefeuchteten Händen etwa 20 längliche Klöße formen. Etwas Öl in einer Pfanne erhitzen und die Klöße portionsweise bei mittlerer Hitze von jeder Seite in 3–5 Min. goldbraun braten. Auf Küchenkrepp abtropfen lassen. Die Kirschtomaten abspülen und trocken tupfen.
- Die Frikadellen heiß oder kalt mit den restlichen Raukeblättern und den Tomaten auf einer großen Platte anrichten.

Dazu süßscharfe Chilisauce

Tipps **Vorsicht – rohen Fleischteig aus Geflügelfleisch wegen der Salmonellengefahr nicht abschmecken. Lieber vorsichtig würzen, einen kleinen Probekloß braten, diesen probieren und eventuell nachwürzen.**

Für ein Hauptgericht aus dem Fleischteig acht große Frikadellen braten und mit Reis und Tomatensauce servieren.

Chicken-Wings

einfach | schmeckt Kindern

4	**Portionen**
	Zubereitungszeit 1 Std.
Pro Portion	**ca. 665 kcal, E 51 g, F 51 g, KH 3 g**

1,2 kg	Hähnchenflügel
	Salz
	Öl für die Folie
6 EL	fertige BBQ-Sauce

- Den Backofen auf 200° (Umluft 180°, Gas Stufe 4) vorheizen. Die Hähnchenflügel abspülen, mit Küchenkrepp gut trocken tupfen und die Flügelspitzen mit der Küchenschere abschneiden.
- Ein Backblech mit Alufolie auslegen, mit Öl bestreichen und die Flügel nebeneinander darauf legen. Leicht salzen. Blech in den Ofen schieben und die Hähnchenflügel etwa 15 Min. braten.
- Flügel mit der BBQ-Sauce bestreichen und weitere 30 Min. braten, bis sie knusprig sind. Zwischendurch die Flügel wenden.

Dazu Pommes frites und Salat

Tipps **BBQ-Sauce selbst gemacht: Dafür 1 Zwiebel abziehen und fein würfeln, 1 Knoblauchzehe abziehen und hacken. Beides mit 200 g braunem Zucker, 1 TL Salz, 80 g Tomatenketchup, 3 EL Weißweinessig und 2 TL Senfpulver in einem Topf bei kleiner Hitze 15 Min. kochen lassen. Mit frisch gemahlenem Pfeffer und einigen Spritzern Worcestersauce abschmecken. Hält sich mindestens 2 Wochen im Schraubdeckelglas im Kühlschrank.**

Auf die gleiche Weise können auch andere kleine Hähnchenteile, z. B. Keulen zubereitet werden. Die Keulen im Gelenk teilen und wie beschrieben zubereiten, aber etwa 10 Min. länger garen.

Geflügel-Nuggets mit Salat

einfach | schmeckt Kindern

4	**Portionen**
	Zubereitungszeit 40 Min.
Pro Portion	**ca. 635 kcal, E 42 g, F 44 g, KH 18 g**

1	kleiner Spitzkohl (600 g) oder Chinakohl
1 ½	Orangen
150 g	Magermilchjoghurt
1 TL	milder Senf
	Salz, frisch gemahlener Pfeffer
500 g	Putenbrustfilet
150 g	gesalzene Erdnüsse
1	Ei
4	frische Salbeiblätter
2 EL	Mehl
30 g	Butterschmalz

Tipp

So lösen sich die Filets aus den Orangen: Orange dick schälen und mit einem spitzen, scharfen Messer ganz knapp an den weißen Trennhäuten entlangschneiden.

- Für den Salat den Spitzkohl auf der Rohkostreibe fein raspeln oder mit einem großen Messer in Streifen schneiden. Kalt abspülen und gut abtropfen lassen.
- 1 Orange so schälen, dass auch die weiße Haut vollständig entfernt wird (s. Tipp). Orangenfilets mit einem spitzen Messer zwischen den Häuten herauslösen, dabei den Saft in einer Schüssel auffangen. Die halbe Orange auspressen.
- Joghurt, Senf und Orangensaft verrühren und mit Salz und Pfeffer abschmecken. Den Kohl mit der Joghurtsauce und den Orangenfilets mischen.
- Für die Nuggets das Putenbrustfilet kalt abspülen, mit Küchenkrepp trocken tupfen und in mundgerechte Stücke schneiden. Erdnüsse im Blitzhacker fein hacken. Ei in einer flachen Schale verquirlen. Salbei abspülen, trocken schütteln und fein hacken. Mehl, Nüsse und Salbei in einer flachen Schale mischen.
- Die Fleischstücke zuerst im Ei, dann im Nussmehl wenden. Die Panade gut andrücken. Das Butterschmalz in einer Pfanne erhitzen und die Nuggets darin bei mittlerer Hitze rundherum kross braten. Nuggets mit dem Salat servieren.

Dazu Ofenkartoffeln

Entenburger

einfach

4 Stück
Zubereitungszeit: 40 Min.
Pro Portion ca. 395 kcal, E 26 g, F 11 g, KH 47 g

1	großes Entenbrustfilet (etwa 400 g)
8	getrocknete Aprikosen (100 g)
1	Knoblauchzehe
1 Stück	frischer Ingwer (15 g)
1	kleine rote Chilischote
1 EL	Erdnussöl
3 TL	Ahornsirup
3 EL	Sojasauce
4 TL	Mayonnaise (light)
1 TL	Zitronensaft
1 Msp.	abgeriebene Bio-Zitronenschale
	frisch gemahlener Pfeffer
2	Lauchzwiebeln
4	Salatblätter
4	Burgerbrötchen

• Entenbrustfilet abspülen, trocken tupfen und die Haut mehrmals einschneiden. Die Aprikosen längs halbieren. Knoblauch und Ingwer schälen und fein hacken. Chilischote längs halbieren, entkernen und ebenfalls fein hacken (mit Küchenhandschuhen arbeiten!).

• Das Öl in einer Pfanne erhitzen und das Entenbrustfilet darin von beiden Seiten braun anbraten. Ahornsirup, Sojasauce, Knoblauch- und Ingwerwürfel und Aprikosen dazugeben und zugedeckt etwa 10 Min. schmoren lassen.

• Mayonnaise, Zitronensaft, Zitronenschale und Pfeffer verrühren. Lauchzwiebeln putzen, abspülen und schräg in Ringe schneiden. Salatblätter abspülen und trocken tupfen.

• Die Brötchen aufschneiden und mit der Schnittfläche nach unten in einer Pfanne ohne Fett rösten. Abkühlen lassen und beide Seiten mit Zitronenmayonnaise bestreichen. Salatblätter auf die unteren Hälften legen.

• Das Entenbrustfilet schräg in dünne Scheiben schneiden und mit den Aprikosen auf den Salat legen. Die Lauchzwiebelringe darüberstreuen.

• Den Bratsud auf die Schnittfläche der oberen Burgerhälfte träufeln und die Brötchenhälften auflegen.

Dazu Sweet Chili-Chicken-Sauce aus dem Asia-Laden

Tipp **Anstelle der typischen Burgerbrötchen passen auch Vollkornbrötchen.**

Gänserillettes

gut vorzubereiten | braucht Zeit

4 Gläser (je 200 ml Inhalt)
Zubereitungszeit 30 Min.
Garzeit 3 Std.
Pro Glas ca. 1380 kcal, E 54 g, F 130 g, KH 2 g

1,5 kg	Gänsekeulen
15	Knoblauchzehen
5 Zweige	Rosmarin
3 Zweige	Thymian
1 EL	Meersalz
½ TL	Macis (Muskatblüte)
	Salz, frisch gemahlener Pfeffer
evtl. 250 g	Gänseschmalz

Tipp

Wenn die Gänsekeulen sehr mager sind, braucht man zusätzliches Fett zum Begießen: Am feinsten schmeckt reines Gänseschmalz.

• Das Fleisch der Keulen von Haut und Knochen lösen (Haut beiseitelegen) und in etwa 2 cm große Würfel schneiden. Knoblauch abziehen und hacken. Kräuter abspülen und Blättchen bzw. Nadeln abzupfen. Den Backofen auf 150° (Umluft 130°, Gas Stufe 1–2) vorheizen.

• Fleischwürfel, Knoblauch, Kräuter, Meersalz und Macis in einen großen ofenfesten Topf geben. Die abgelöste Haut dazugeben und den Deckel auflegen. Fleisch im Ofen etwa 3 Std. garen. Das Fett sollte vollständig ausgebraten und das Fleisch knusprig sein.

• Die ausgebratene Haut entfernen. Das Fleisch auf einem Sieb abtropfen lassen. Im Mörser oder mit einer Gabel zerdrücken, bis es faserig ist. Mit Salz und Pfeffer würzen und locker in vier Schraubgläser füllen.

• Das ausgebratene Fett in die Gläser gießen, sodass es zwischen den Fleischfasern bis auf den Boden läuft. Das Fleisch sollte etwa 2 cm hoch mit dem Fett bedeckt sein.

• Evtl. zusätzliches Gänseschmalz leicht erwärmen und daraufgießen. Gläser sofort verschließen, Rilettes abkühlen lassen und in den Kühlschrank stellen. Die Rilettes halten sich gekühlt etwa zehn Tage.

Dazu kräftiges Schwarzbrot

Molybdänstahl
geschmiedet
96604

Wild und Kaninchen

Wild hat einen kräftigen, aromatischen Geschmack und ist deshalb eine besondere Delikatesse. Zögern Sie nicht, wenn Sie auf dem Markt oder bei Ihrem Händler ein schönes Stück entdecken. Kaufen Sie es. Den Rest finden Sie hier!

Wildconsommé

braucht Zeit | gut vorzubereiten

8	**Portionen**
	Zubereitungszeit 2 Std., Garzeit 1 Std. 30 Min.
Pro Portion	**ca. 295 kcal, E 56 g, F 4 g, KH 3 g**

3 kg	Wildknochen (vom Metzger zerkleinern lassen)
3 EL	Öl
1	Zwiebel
3	Möhren
150 g	Knollensellerie
1 ½ Stangen	Porree
je 2 Zweige	Rosmarin und Thymian
5	Wacholderbeeren
10	Pfefferkörner
je 1	Nelke und Lorbeerblatt
	Salz
500 g	Rehfleisch (aus der Haxe)
10 g	getrocknete Steinpilze
2	Eiweiße
evtl. 75 ml	Sherry
1 Stange	Staudensellerie
3 Scheiben	TK-Blätterteig
1	Ei
1 EL	Milch

- Backofen auf 220° (Umluft 200°, Gas Stufe 4) vorheizen. Die Knochen mit dem Öl im Bräter im Backofen etwa 25 Min. rösten, dabei ab und zu umrühren. Zwiebel halbieren. 2 Möhren, den Sellerie und 1 Stange Porree putzen, würfeln, zu den Knochen geben und 15 Min. rösten. Knochen und Gemüse in ein Sieb gießen und abtropfen lassen. In einem großen Topf mit 2,5 l Wasser aufkochen.

- Rosmarin und Thymian abspülen. Wacholderbeeren zerdrücken und Pfefferkörner zerstoßen. Mit den restlichen Gewürzen zur Brühe geben. Bei kleiner Hitze 1 Std. 30 Min. offen kochen. Brühe zuerst durch ein Sieb, dann durch ein Mulltuch gießen. Brühe (etwa 2 l) erkalten lassen, das Fett entfernen.

- Das Rehfleisch durch einen Fleischwolf drehen, mit Steinpilzen und Eiweiße mischen und in einen Topf geben. Kalte Brühe zugießen und langsam aufkochen. Vorsichtig umrühren, damit das Fleisch nicht am Topfboden ansetzt.

- Brühe einmal kräftig aufkochen lassen, bis das Eiweiß die Trübstoffe gebunden hat. Bei kleiner Hitze 30 Min. ziehen lassen. Brühe durch ein Tuch gießen, wieder erhitzen und mit Salz und Sherry abschmecken.

- Übriges Gemüse fein würfeln, in der Consommé 3–5 Min. kochen lassen. Aufgetauten Blätterteig dünn ausrollen und acht Kreise ausstechen (etwas größer als der Tassenrand) Backofen auf 200° (Umluft 180°, Gas Stufe 4) vorheizen.

- Heiße Consommé in acht ofenfeste Tassen füllen. Tassenränder mit Eiweiß bestreichen und je einen Blätterteigkreis auflegen und andrücken. Eigelb und Milch verquirlen, Teig damit bestreichen, im Ofen 6–8 Min. überbacken.

Rehmedaillons in Würzbutter

etwas teurer | für Gäste | einfach

4 **Portionen**
Zubereitungszeit 20 Min.
Pro Portion **ca. 325 kcal, E 37 g, F 20 g, KH 0 g**

70 g	Butter
4	Wacholderbeeren
2	Lorbeerblätter
2	Nelken
1 TL	Pfefferkörner
8	Rehmedaillons (je 60 g)
4 Scheiben	Bacon
8	kleine Lorbeerblätter

- Für die Würzbutter die Butter und die Gewürze in einen Topf geben und bei mittlerer Hitze erwärmen. Die Butter offen bei kleiner Hitze so lange köcheln lassen, bis sich ein weißer Bodensatz gebildet hat und das Fett darüber klar ist. Die Butter durch ein Küchentuch gießen und abkühlen lassen.

- Für die Medaillons das Fleisch abspülen und mit Küchenkrepp gut trocken tupfen. Die Baconscheiben längs halbieren. Je 1 Scheibe Bacon und 1 Lorbeerblatt um den Rand jedes Medaillons legen und mit Küchengarn festbinden. Den Backofen auf 100° (Umluft 80°, Gas Stufe 1) vorheizen.

- Die geklärte Würzbutter in einer ofenfesten Pfanne erhitzen. Die Medaillons darin von jeder Seite etwa 2 Min. kräftig braun anbraten.

- Medaillons fest in Alufolie wickeln, in den Backofen geben und je nach Dicke des Fleisches 8–10 Min. ziehen lassen.

Dazu Rotkohl und kleine Kartoffelklöße

Tipps **Wildfleisch sollte möglichst durchgebraten oder nur ganz leicht rosa sein. Fühlt sich das Medaillon auf leichten Druck fest an, ist es gut durch.**

Gleich eine größere Menge Würzbutter herstellen und in einem Glas mit Schraubverschluss kühl und dunkel aufbewahren. Sie passt auch gut als Bratfett zu Hirsch- oder Wildschweinfleisch.

Klassiker

Hirschrücken in Salzkruste

Nein, verstecken muss sich der zarte Rücken vom Hirsch wahrhaftig nicht. Aber unter der dicken Salzkruste wird er noch köstlicher. Saftig, würzig – einfach genial.

6 **Portionen**
Zubereitungszeit 1 Std. 30 Min.
Pro Portion **ca. 225 kcal, E 30 g, F 12 g, KH 0 g**

- 2 Hirschrückenfilets (etwa 800 g)
- 1 Zweig Rosmarin
- 3 Zweige Thymian
- 1 Bio-Orange
- 8 Wacholderbeeren
- frisch gemahlener Pfeffer
- 1 EL Butterschmalz
- 8 dünne breite Scheiben frischer (grüner) Speck
- 2 kg grobes Meersalz
- 4 Eiweiße

• Den Backofen auf 250° (Umluft 230°, Gas Stufe 6–7) vorheizen. Die beiden Filets so aufeinanderlegen, dass jeweils ein dünnes Ende auf einem dicken Ende liegt. Mit Küchengarn zusammenbinden.

• Rosmarin und Thymian abspülen und trocken schütteln. Nadeln bzw. Blättchen von den Stielen streifen und fein hacken. Orange heiß abspülen, abtrocknen und die Schale fein abreiben. Die Wacholderbeeren mit einer breiten Messerklinge zerdrücken. Kräuter, Orangenschale und Wacholder mischen.

• Das Fleisch ringsherum mit Pfeffer würzen. Das Butterschmalz in einer Pfanne erhitzen und das Fleisch darin von jeder Seite etwa 1 Min. anbraten. Herausnehmen und etwas abkühlen lassen. Hirschrückenfilets rundherum mit der Orangen-Kräuter-Mischung einreiben und in die Speckscheiben wickeln (Step 1).

• Meersalz und Eiweiße verrühren. In einem Bräter mit etwa der Hälfte ein Salzbett in der Länge des Filets formen. Eine flache Mulde in das Salz drücken und das Fleisch hineinlegen. Mit dem restlichen Salz bedecken (Step 2). Im Backofen etwa 25 Min. garen.

• Das Fleisch im ausgeschalteten Ofen 10 Min. ruhen lassen. Die Salzkruste mit einem schweren Messerrücken oder einem Hammer aufschlagen und entfernen (Step 3). Hirschrücken aus dem Salzbett nehmen und in Scheiben schneiden.

Dazu Maronenpüree und Wirsinggemüse

1

2

3

Tipp

In diesem Salzteig können auch ganze Fische, Lammkeule oder Schweinebraten zubereitet werden.

Hirschbraten in Rotwein

etwas teurer | für Gäste

6 Portionen
Zubereitungszeit 1 Std.
Garzeit 1 Std.
Pro Portion ca. 880 kcal, E 82 g, F 39 g, KH 42 g

1	ausgelöster Hirschrücken (etwa 2 kg)
2 EL	Butterschmalz
10	Pimentkörner
2	Knoblauchzehen
	Salz, frisch gemahlener Pfeffer
2 Zweige	Rosmarin
7 Scheiben	Bacon
1 Bund	Suppengrün
½	Bio-Orange
1 EL	Tomatenmark
300 ml	trockener Rotwein oder Brühe
300 g	Polenta (Maisgrieß)
75 g	Parmesan-Käse
50 g	Butter
100 g	Sahne

• Den Backofen auf 240° (Umluft 220°, Gas Stufe 6) vorheizen. Das Fleisch abspülen, gut trocken tupfen und Fett und Silberhäute entfernen, aber nicht wegwerfen. Butterschmalz in einem Bräter erhitzen und das Fleisch rundherum braun anbraten.

• Piment mit einem breiten Messer zerdrücken. Knoblauch abziehen und hacken. Fleisch mit Piment, Knoblauch, Salz und Pfeffer einreiben. 1 Rosmarinzweig abspülen, trocken tupfen und auf das Fleisch legen. Bacon um das Fleisch wickeln und evtl. mit Küchengarn festbinden.

• Suppengrün putzen, abspülen und grob zerkleinern. Orange heiß abspülen, abtrocknen und in Scheiben schneiden. Suppengrün, Tomatenmark, Orangenscheiben, Silberhäute und Wein zum Fleisch geben. Im Ofen in etwa 1 Std. rosa garen (durchgegart ist es nach 1 Std. 30 Min.).

• Für die Polenta 1 EL Salz in 1 ¼ l Wasser aufkochen. Polenta unter Rühren einrieseln lassen und bei kleiner Hitze etwa 3 Min. kochen. Parmesan fein reiben. Parmesan, Butter und Sahne unter die Polenta rühren. Restlichen Rosmarin abspülen, trocken schütteln, Nadeln abzupfen, fein hacken und unter die fertige Polenta rühren.

• Das Fleisch aus dem Bräter nehmen und in Alufolie gewickelt etwa 10 Min. ruhen lassen. Bratsud durch ein Sieb gießen, etwas einkochen lassen und mit Salz und Pfeffer abschmecken. Bacon vom Fleisch nehmen. Fleisch in Scheiben schneiden und mit Bacon, Rotweinsud und Polenta anrichten.

Rehgulasch mit Pfifferlingen

etwas teurer | für Gäste

4	**Portionen**
	Zubereitungszeit 45 Min.
	Garzeit 1 Std. 30 Min.
Pro Portion	**ca. 670 kcal, E 63 g, F 33 g, KH 6 g**

1 kg	Rehfleisch (aus der Keule)
170 g	durchwachsener Speck
150 g	Zwiebeln
1 Bund	Thymian
2 EL	Butterschmalz
¾ l	Rotwein oder Brühe
3	Lorbeerblätter
	Salz, frisch gemahlener Pfeffer
250 g	Pfifferlinge
1 TL	Kümmel
200 g	saure Sahne
	Zucker

Tipp
Das Gulasch kann auch mit Rind- oder Schweinefleisch zubereitet werden.

- Das Fleisch abspülen, mit Küchenkrepp gut trocken tupfen und in etwa 3 cm große Würfel schneiden. Den Speck fein würfeln. Zwiebeln abziehen und ebenfalls würfeln. Den Thymian abspülen und trocken schütteln.
- Das Butterschmalz in einem weiten Schmortopf erhitzen und die Hälfte der Speckwürfel darin ausbraten. Fleisch dazugeben und rundherum braun anbraten, dabei den ausgetretenen Fleischsaft ganz verdampfen lassen.
- Die Zwiebeln dazugeben und kurz mitbraten. Die Hälfte vom Thymian mit Küchengarn zu einem kleinen Strauß zusammenbinden. Wein, Lorbeerblätter und Thymianstrauß zum Fleisch geben. Mit Salz und Pfeffer würzen. Alles aufkochen und 1 Std. 30 Min. bei mittlerer Hitze zugedeckt schmoren lassen.
- Inzwischen die Pfifferlinge putzen und je nach Größe halbieren. Restlichen Speck in einer Pfanne ausbraten und die Pilze darin braun braten. Mit Kümmel, Salz und Pfeffer würzen und zum Gulasch geben.
- Saure Sahne unter das Rehgulasch rühren, alles aufkochen lassen und die Sauce mit Salz, Pfeffer und 1 Prise Zucker abschmecken. Zum Servieren restliche Thymianblättchen auf das Gulasch streuen.

Dazu Nudeln oder Spätzle

Würzige Rehkeule

für Gäste | etwas teurer

6 Portionen
Zubereitungszeit 40 Min.
Garzeit 1 Std. 45 Min.
Pro Portion **ca. 470 kcal, E 89 g, F 11 g, KH 1 g**

1 Rehkeule mit Knochen (etwa 2,5 kg)
Salz, frisch gemahlener Pfeffer
3 Zweige Thymian
1 Zweig Rosmarin
4 Schalotten
3 Knoblauchzehen
2–3 EL Butterschmalz
1 EL Butter

- Den Backofen auf 160° (Umluft 140°, Gas Stufe 2) vorheizen. Die Rehkeule abspülen und mit Küchenkrepp gut trocken tupfen. Die äußere feste Haut abschneiden. Die Keule evtl. mit Küchengarn in Form binden und rundherum mit Salz und Pfeffer einreiben.
- Thymian und Rosmarin abspülen und trocken schütteln. Die Schalotten abspülen und mit der Schale halbieren. Knoblauchzehen abziehen.
- Das Butterschmalz in einem Bräter erhitzen und die Rehkeule darin von allen Seiten kräftig braun anbraten. Kräuter, Schalotten und Knoblauch dazugeben. Den Bräter schließen und die Rehkeule im Backofen etwa 1 Std. 45 Min. garen.
- Die Keule herausnehmen und mit der Butter in Flöckchen belegen. Das Fleisch in Alufolie wickeln und im ausgeschalteten Backofen etwa 15 Min. ruhen lassen.
- Inzwischen den Bratensud in eine kleine Schüssel gießen und etwas abkühlen lassen. Das abgesetzte Fett entfernen.
- Den Bratensud durch ein Sieb in einen Topf gießen. Erhitzen und mit Salz und Pfeffer abschmecken. Den Bratensud zur Rehkeule servieren.

Dazu Rotkohl, Rosenkohl und Kartoffelklöße

Wildschweinbraten

etwas teurer | für Gäste | braucht Zeit

4	**Portionen**
	Zubereitungszeit 20 Min.
	Garzeit 2 Std.
Pro Portion	**ca. 620 kcal, E 56 g, F 29 g, KH 9 g**

800 g	Wildschweinbraten (ein Rippenstück)
	Salz
3 EL	Olivenöl
3	Knoblauchzehen
2	kleine getrocknete Chilischoten
1–2 Zweige	Rosmarin
3/4 l	trockener Rotwein oder Wildfond
150–200 g	Tomatenmark
	brauner Zucker
	frisch gemahlener Pfeffer

• Das Fleisch abspülen, mit Küchenkrepp trocken tupfen und rundherum mit Salz einreiben. Das Öl in einem Schmortopf erhitzen und das Fleisch darin von allen Seiten anbraten.

• Die Knoblauchzehen abziehen und fein hacken. Die Chilischoten mit den Händen fein zerbröseln. Knoblauch und Chili zum Fleisch in den Topf geben.

• Den Rosmarin abspülen und ebenfalls in den Topf geben, kurz darin anbraten. Den Rotwein dazugießen und das Fleisch zugedeckt bei mittlerer Hitze etwa 1 Std. schmoren, bis der Wein fast ganz verkocht ist.

• Tomatenmark, 1/2 l Wasser und 1 EL Zucker dazugeben und das Ganze nochmals etwa 1 Std. schmoren lassen.

• Die Sauce mit Salz, Pfeffer und Zucker abschmecken. Das Fleisch in Scheiben schneiden und mit der Sauce servieren.

Dazu Polenta

Tipp **Das Rezept stammt aus der Toskana. Daher am besten einen Chianto classico zum Essen genießen.**

Wildschweingulasch

etwas teurer | für Gäste

8 Portionen
Zubereitungszeit 1 Std.
Marinierzeit 12 Std.
Garzeit 2 Std. 45 Min.
Pro Portion **ca. 515 kcal, E 54 g, F 27 g, KH 7 g**

50 g	getrocknete Steinpilze
3	Lorbeerblätter
je 5	Nelken, Wacholderbeeren und Pimentkörner
je 4	Zweige Rosmarin, Salbei und Oregano
250 g	Knollensellerie
250 g	Schalotten
60 g	durchwachsener Speck
3–4 EL	süßer Senf
1/4 l	Weißwein oder Gemüsefond
	Salz, frisch gemahlener Pfeffer
etwa 1,8 kg	Wildschweingulasch
1	ganze Knoblauchzwiebel
1 Bund	Möhren
300 g	Kräutersaitlinge
200 g	Crème fraîche
2 EL	Zitronensaft

• Die Steinpilze in 300 ml heißem Wasser etwa 30 Min. einweichen. Alle Gewürze in ein Stück Mulltuch oder -kompresse geben und dieses zu einem kleinen Beutel zusammenbinden. Pilzsud durch ein Sieb gießen, beiseitestellen und die Pilze hacken. Sud aufbewahren.

• Kräuter abspülen, trocken schütteln und die Hälfte der Nadeln und Blättchen grob hacken. Sellerie schälen, abspülen und in Würfel schneiden. Schalotten abziehen und längs halbieren. Den Speck in dünne Streifen schneiden.

• Gewürzbeutel, Steinpilze, Kräuter, Senf, Weißwein, Sellerie, Schalotten, Speck, Salz und Pfeffer in einen Bräter geben und vermischen. Fleisch trocken tupfen. Knoblauchzwiebel halbieren. Knoblauch und Fleisch in den Bräter geben und zugedeckt über Nacht im Kühlschrank marinieren lassen.

• Den Backofen auf 240° (Umluft 220°, Gas Stufe 6) vorheizen. Möhren schälen, abspülen und in Stücke schneiden. Kräutersaitlinge putzen und halbieren. Etwa 300 ml Brühe aus dem Bräter schöpfen und mit Crème fraîche und dem Pilzsud verrühren, beiseite stellen.

• Das Fleisch im Ofen etwa 1 Std. anbraten, dabei gelegentlich wenden. Die Temperatur auf 200° (Umluft 180°, Gas Stufe 4) herunterschalten. Die Saucenmischung, Möhren und Pilze zum Fleisch geben und alles zugedeckt etwa 1 Std. 45 Min. schmoren lassen. Mit Salz, Pfeffer und Zitronensaft abschmecken und mit den restlichen Kräutern bestreuen.

Hasenrücken mit Rosenkohl

für Gäste

4	**Portionen**
	Zubereitungszeit 1 Std. 30 Min.
Pro Portion	**ca. 750 kcal, E 38 g, F 25 g, KH 56 g**

1	Hasenrücken (vom Metzger die Filets auslösen und die Knochen grob zerkleinern lassen)
1 EL	Butterschmalz
5	kleine Zwiebeln
1 TL	Mehl
4	Wacholderbeeren
1 l	trockener Rotwein oder roter Traubensaft
je 1	Lorbeerblatt und Nelke
5	Pfefferkörner
400 ml	Wildfond (aus dem Glas)
	Salz, frisch gemahlener Pfeffer
350 g	Rosenkohl
2	Schalotten
3 EL	Butter
2 EL	Zucker
300 g	Maronen (vakuumverpackt)
320 g	Quittenpüree
3 EL	gemahlene Haselnüsse
1 Msp.	Zimtpulver

• Die Filets abspülen, trocken tupfen, Sehnen und Fett entfernen. Butterschmalz erhitzen und Knochen darin etwa 10 Min. kräftig braun anbraten. Zwiebeln abziehen, würfeln und etwa 5 Min. mitrösten. Mehl darüberstäuben und verrühren. Wacholderbeeren zerdrücken. Rotwein, Lorbeer, Wacholder, Nelke und Pfefferkörner dazugeben und den Wein offen auf die Hälfte einkochen lassen.

• Alles durch ein Sieb in einen Topf gießen. Wildfond dazugießen und alles auf 200 ml einkochen lassen. Sauce mit Salz und Pfeffer abschmecken und warm halten. Rosenkohl putzen und in wenig Salzwasser etwa 10 Min. kochen. Schalotten abziehen und fein würfeln. 1 TL Butter in einem großen Topf schmelzen, Schalotten hellgelb dünsten. Rosenkohl abgießen, dazugeben und kurz schwenken.

• 1 EL Butter und Zucker in einem Topf leicht bräunen lassen. ¼ l Wasser und die Maronen dazugeben und bei kleiner Hitze etwa 15 Min. kochen lassen. Maronen abtropfen lassen, zum Rosenkohl geben und warm stellen. Quittenpüree, Haselnüsse, 1 TL Butter und Zimt unter ständigem Rühren erwärmen.

• Die Filets mit Salz und Pfeffer einreiben. Restliche Butter in einer Pfanne erhitzen und die Filets rundherum braun anbraten. Dann bei kleiner Hitze von beiden Seiten je 3 Min. weiterbraten. Filets in Alufolie wickeln und ruhen lassen, in Scheiben schneiden und mit Gemüse, Quittenmus und Sauce anrichten.

Dazu Kartoffelpüree

Eingemachtes Kaninchen

gut vorzubereiten | zum Verschenken

3 Gläser (je 350 g)
Zubereitungszeit: 30 Min.
Garzeit 1 Std.
Pro Glas **ca. 1430 kcal, E 51 g, F 138 g, KH 0 g**

1 küchenfertiges Kaninchen (1,8 kg; vom Fleischer zerlegen und entbeinen lassen; ergibt etwa 700 g Kaninchenfleisch)
2 TL Pfefferkörner
1–2 TL Meersalz
etwa 200 g Gänseschmalz
etwa 200 g Schweineschmalz
2 Knoblauchzehen
6 Zweige Thymian

- Das Kaninchenfleisch abspülen, mit Küchenkrepp gut trocken tupfen und würfeln. Die Pfefferkörner in einem Mörser grob zerstoßen. Die Kaninchenwürfel mit Meersalz und zerstoßenem Pfeffer würzen.
- Gänse- und Schweineschmalz zusammen in einer Pfanne erhitzen und das Kaninchenfleisch darin rundherum braten.
- Den Knoblauch abziehen und in dünne Scheiben schneiden. Thymian abspülen, trocken schütteln und von 3 Stängeln die Blättchen abstreifen.
- Knoblauch und Thymianblättchen zum Fleisch geben und alles bei kleiner Hitze zugedeckt etwa 1 Std. im heißen Fett gar ziehen lassen. Dabei sollte das Fleisch vollständig mit Schmalz bedeckt sein.
- Die Kaninchenstücke in drei saubere Einmachgläser oder Schmalztöpfe geben, mit Schmalz bedecken und zur Deko je einen Zweig Thymian darauflegen.
- Zum Servieren das Kaninchenfleisch portionsweise bei kleiner Hitze im Schmalz erwärmen, sodass das Schmalz vom Fleisch abtropfen kann.

Dazu dunkles kräftiges Landbrot und grünen Salat

Tipp **Mit Schmalz bedeckt hält sich das Kaninchen im Kühlschrank 3 Wochen.**

Mallorquinisches Kaninchen

einfach

4	**Portionen**
	Zubereitungszeit 30 Min.
	Garzeit 1 Std.
Pro Portion	**ca. 440 kcal, E 58 g, F 17 g, KH 9 g**

20 g	Pinienkerne
1	küchenfertiges Kaninchen (vom Metzger in Stücke teilen lassen)
	Salz, frisch gemahlener Pfeffer
4 EL	Öl
1 kg	Zwiebeln
5	Knoblauchzehen
300 ml	Fleischbrühe
1	kleiner Lorbeerzweig
½ Bund	Thymian
200 ml	Rotwein oder Brühe

- Die Pinienkerne in einer Pfanne ohne Fett goldgelb anrösten. Herausnehmen und beiseitestellen.
- Das Kaninchenfleisch abspülen und mit Küchenkrepp gut trocken tupfen. Die Fleischstücke mit Salz und Pfeffer würzen.
- In einem Schmortopf 2 EL Öl erhitzen und die Kaninchenstücke darin rundherum scharf anbraten. Fleisch herausnehmen und beiseitestellen.
- Die Zwiebeln abziehen (s. Tipp) und längs vierteln. Restliches Öl im Schmortopf erhitzen und die Zwiebelviertel darin glasig dünsten. Die Kaninchenteile zu den Zwiebeln geben. Den Knoblauch abziehen.
- Brühe, Knoblauchzehen, Lorbeer und Thymian dazugeben und alles 45 Min. zugedeckt bei kleiner Hitze schmoren lassen.
- Den Deckel abnehmen, Rotwein und Pinienkerne zufügen und alles noch 15 Min. offen schmoren lassen. Mit Salz und Pfeffer abschmecken.

Dazu Polenta oder Nudeln

Tipp **Wenn viele Zwiebeln geschält werden müssen: Zwiebeln mit kochendem Wasser übergießen und 10 Min. stehen lassen. Abgießen und die Schale einfach abziehen.**

Kaninchen mit Birnen

einfach

4	**Portionen**
	Zubereitungszeit 30 Min.
	Garzeit 1 Std.
Pro Portion	**ca. 585 kcal, E 79 g, F 14 g, KH 22 g**

1	küchenfertiges Kaninchen (etwa 1,4 kg, vom Metzger in Portionsstücke teilen lassen)
250 g	Schalotten
500 g	Petersilienwurzeln oder Möhren
1 EL	Butterschmalz
	Salz, frisch gemahlener Pfeffer
150 ml	Noilly Prat (frz. Aperitif-Wein) oder Birnensaft
150 ml	Weißwein oder Brühe
6 Zweige	Majoran
2	Birnen

• Den Backofen auf 180° (Umluft 160°, Gas Stufe 3) vorheizen. Das Kaninchenfleisch abspülen und mit Küchenkrepp gut trocken tupfen. Die Schalotten abziehen und vierteln. Die Petersilienwurzeln oder Möhren schälen, abspülen und je nach Größe halbieren oder vierteln.

• Das Butterschmalz in einem Schmortopf erhitzen und die Kaninchenteile darin rundherum braun anbraten. Mit Salz und Pfeffer würzen und herausnehmen.

• Die Schalotten in den Topf geben und anbraten. Petersilienwurzeln oder Möhren zufügen und den Noilly Prat und den Weißwein dazugießen. Die beiden Kaninchenkeulen und 5 Zweige Majoran in den Topf geben. Kaninchenkeulen zugedeckt im Ofen etwa 30 Min. schmoren.

• Inzwischen die Birnen abspülen, vierteln, entkernen und in Spalten schneiden. Birnen und restliche Kaninchenteile in den Topf geben und 30 Min. schmoren.

• Den letzten Zweig Majoran abspülen, trocken schütteln, die Blättchen abzupfen und über das geschmorte Kaninchen streuen.

Dazu Baguette oder Polenta

Tipp **Nach diesem Rezept kann auch ein großes Brathähnchen zubereitet werden. Auch hier werden die Keulen etwas länger geschmort.**

Das große Plus: Geflügel & Wild

Von Hühnern und Hähnchen

Die Auswahl an Hähnchen ist groß. Je nach Geschlecht, Alter und Größe eignen sie sich für die verschiedenen Verwendungszwecke. Laut europäischer Vermarktungsnormen gibt es nur noch die Bezeichnung Hähnchen. Auf dem Markt findet man aber immer noch andere Bezeichnungen. Hier eine Auswahl der gebräuchlichsten.

Hähnchen oder **Brathähnchen** bezeichnen weibliche oder männliche Tiere, die zwischen 750 g und 1,4 kg wiegen, wenn sie mit etwa 6 bis 8 Wochen geschlachtet werden. Ihr Fleisch ist aromatisch und schön zart. Unter der Haut sitzt eine dünne Fettschicht, damit eignen sie sich hervorragend zum Braten und Grillen. In Teilstücke zerlegt schmeckt das Hähnchen frittiert, kurz gebraten und gegrillt. Für eine Brühe ist das Fleisch noch nicht aromatisch genug. Ein Hähnchen reicht für 2 bis 3 Personen.

Die **Poularde** wird auch **Masthuhn** genannt, es kann ein Weibchen oder Männchen sein. Poularden sind 10 bis 12 Wochen alt und wiegen über 1,2 kg, manche bis zu 2,5 kg. Sie sind etwas fetter als Brathähnchen, etwa 5 g Fett pro 100 g, das Fleisch ist jedoch ebenso zart, und ein Tier reicht für 4 Personen. Bekannte Spezialitäten sind z. B. die Bresse-Poularden aus Lyon, sie gehören einer bestimmten Rasse an und werden mit speziellem Futter gefüttert. Besonders kräftige Poularden werden auch Roaster genannt. Maispoularden erhalten ihr gelbes Fleisch durch ein Futter mit vielen Maiskörnern. Ein **Junghahn** ist ein männliches Huhn, das mindestens 90 Tage alt ist. Es wiegt um die 2 kg und ist schön kräftig im Geschmack. Für den Klassiker »Coq au Vin« ist der Junghahn die beste Wahl.

Suppenhühner sind 1,5 bis 2,5 kg schwere Hennen, die gut eineinhalb Jahre alt sind und sehr aromatisches Fleisch haben. Sie sind recht fettreich, fast 20 g Fett pro 100 g, das Fett besitzt jedoch eine günstige Fettsäurezusammensetzung mit essenziellen Fettsäuren. Sie sind die beste Basis für eine Hühnersuppe oder einen Fond, und nach mindestens 3 Stunden Kochzeit ist die Brühe perfekt und das Fleisch so weich, dass es sich gut für Eintöpfe oder Frikassee verwenden lässt. Eine Suppe mit Einlage aus einem Huhn reicht für 5 bis 6 Personen. Zum Braten oder Grillen sind Suppenhühner nicht geeignet.

Enten

Es gibt über 100 verschiedene Entenrassen, die sich in Hausenten und Flugenten einteilen lassen. Für den Verzehr gezüchtet werden jedoch nur wenige Arten, die sich aber stark im Fleisch- und Fettanteil unterscheiden. Enten sind relativ fett und reich an Mineralstoffen, z. B. Eisen, Kalium und Kalzium. Ganze Enten sollten immer mit Entenklein angeboten werden, das sind Magen, Herz und Hals, die separat verpackt in der ausgenommenen Ente liegen. Oftmals ist auch die Leber mit dabei, ein gutes Zeichen, denn dann ist die Ente kein »Rest« aus der Fettleberproduktion. Die Haut der Enten sollte trocken sein und das Fleisch angenehm würzig riechen.

Hausenten stammen von der Stockente ab. Sie sind fettreicher als Flugenten und haben einen waagerechten Körperbau. Die am weitesten verbreitete Art der Hausente ist die Pekingente – nicht zu verwechseln mit der Zubereitungsart im China-Restaurant! Die Enten wiegen 1,8 bis 2,5 Kilo, junge Enten 1,5 bis etwa 2 kg. Durch den hohen Fettanteil unter der Haut (die Vögel leben im Wasser) wird die Haut schön knusprig. Beim Einkauf sollte man darauf achten, dass die Tiere nicht zu viel Fett haben.

Flugenten stammen von den Moschusenten ab. Sie sind länger und haben einen höheren Fleischanteil und weniger Fett als Stockenten. Sie sind eher Baumbewohner, daher haben sie eine ausgeprägte Brustmuskulatur. Die meisten Importe kommen aus Polen, Ungarn oder Frankreich. In der Regel werden sie als **Frühmastenten** verkauft, die mit 6 bis 8 Wochen während der Mauser geschlachtet werden, dann sind sie am leichtesten zu rupfen. **Spätmastenten** oder **Jung-**

enten werden mit 20 bis 24 Wochen geschlachtet und nur selten angeboten. Die bekanntesten Vertreter der Flugenten sind die **Barbarie-Enten**. Sie sind im Vergleich zu Hausenten fettärmer, fleischiger und saftiger. Seit Ende des 19. Jahrhunderts werden sie in Frankreich gezüchtet. Während die weibliche Ente nur 2,5 kg Gewicht erreicht, kann der Erpel bis zu 5 kg schwer werden, das entspricht Schlachtgewichten von ca. 1,5 bis 2 kg bzw. 3 bis 4 kg. Am zartesten sind weibliche Enten mit knapp 1,5 kg Schlachtgewicht, die Ente reicht dann als Mahlzeit für 2 Personen.

Wildente ist der Überbegriff für verschiedene Arten, z. B. Krick- oder Knäckenten, die meisten sind Stockenten. Wildenten aus freier Wildbahn haben ein dunkelrotes Fleisch und sind magerer und kerniger in der Fleischstruktur als Hausenten. Die küchenfertigen Enten wiegen zwischen 650 und 900 Gramm.

Es gibt außerdem viele regionale Züchtungen, z. B. die bekannte Vierländer Ente aus dem Hamburger Raum oder die Rouener-Enten. Das sind die Luxus-Enten aus Frankreich und sie entsprechen in Feinschmecker-Kreisen den Bresse-Hühnern.

Gänse

Alle Hausgänse stammen von der Graugans ab. Sie sind ein sehr fetthaltiges Geflügel und werden traditionell zwischen Sankt Martin (11. November) und Weihnachten gegessen. Gänse sollten eine helle, unverletzte Haut ohne Flecken haben, die Brust sollte schön prall und nicht eingefallen sein. Zur Gans gehört das Gänseklein, bestehend aus Hals, Herz und Magen. Für 4 Personen sollte die Gans gute 5 kg wiegen. Je nach Alter werden Gänse wie folgt bezeichnet:

Frühmastgänse haben beim Schlachten ein Gewicht von etwa 4 kg, das ergibt ein Bratgewicht von etwa 3 kg. Sie sind zwar schön mager und zart, die Gänsebrust ist aber noch so klein, dass sie beim Braten schnell austrocknet. Sie kommen meist aus Ungarn oder Polen und werden recht günstig (ca. 5 Euro/kg) angeboten, oftmals gefroren. Bis Sankt Martin werden hauptsächlich Frühmastgänse angeboten. Sie haben noch nicht viel Aroma, und die Haltungsform ist sehr bedenklich (Intensivmast).

Junge Gänse werden nach der ersten Federreife geschlachtet, meist mit 20 bis 32 Wochen. Sie kommen oft aus Extensivmast oder Weidemast und fressen Gras und Getreide. Sie wachsen langsamer und kommen auf ein Schlachtgewicht von 4 bis 7 kg. Meist schmeckt das Fleisch sehr aromatisch, es ist aber auch eher fest und kernig. Gänse aus deutscher Weidemast kosten um die 10 Euro/kg, aus Biohaltung natürlich mehr.

Gänse sind meist älter als ein Jahr und werden nach der Legeperiode der Eier im Frühling geschlachtet. Sie sind nicht mehr sehr aromatisch und das Fleisch ist oft zäh. Sie eignen sich gut zum Schmoren und für Rilette, nicht zum Braten.

Hafermastgänse kommen meist aus Polen und werden in zwei Monaten durch Schnellmast mit Hafer auf ein Schlachtgewicht von rund 5 kg gemästet. Dabei muss in den letzten drei Wochen vor der Schlachtung ein gewisser Anteil Hafer im Futter sein. Sie kostet auch etwa 5 Euro/kg.

Bio-Geflügel

Pute, Ente, Huhn und Gans gibt es auch in Bio-Qualität. Die Anforderungen an Haltung und Ernährung sind hoch, so dürfen die Tiere z. B. nur extensiv gefüttert, also nicht gemästet werden. Das Futter muss überwiegend Bioqualität haben. Auch der Einsatz von Medikamenten ist streng limitiert. Auch Auslauf ins Freie muss möglich sein, und Käfighaltung ist verboten. Die Tiere werden artgerecht gehalten, können also ihren Instinkten nachgehen und z. B. Futter aufpicken oder im Sand scharren. Wer gerne Pute isst, sollte öfter zur Bioqualität greifen. Für Bio-Puten (im Bild rechts KellyBronze-Puten) werden andere Rassen gezüchtet als in der konventionellen Mast, sie haben ein besseres Fleisch-Knochen-Verhältnis, sodass sie noch problemlos laufen und auf Stangen fliegen können. Puten aus Intensivmast sind so gezüchtet, dass die Brust überproportional groß ist und ein Laufen oder gar Fliegen unmöglich ist. Bisher sind gerade einmal knapp 2 Prozent der Puten aus Biozucht; viel davon kommt aber gar nicht als Frischfleisch in den Handel, sondern wird gleich weiterverarbeitet, z. B. zu Biowurst oder in Babynahrung.
Biogeflügel ist am Ökosiegel und ggf. dem Logo eines Anbauverbandes wie demeter, naturland oder bioland zu erkennen.
Wer zu Weihnachten eine Biogans oder -ente genießen möchte, sollte diese rechtzeitig vorbestellen, da die Aufzucht lange dauert und das Angebot begrenzt ist.

Sonderfall Kaninchen

Kaninchen gehören zum Geflügel, da sie küchentechnisch weder dem Schlachtfleisch noch dem Wild zuzuordnen sind. Kaninchen wiegen nach 12 Wochen Mast etwa 3 kg, küchenfertig sind das etwa 1,5 bis 2 kg. Kaninchen sind relativ fettarm, das enthaltene Fett zeigt eine gute Fettsäurezusammensetzung mit vielen ungesättigten Fettsäuren und wenig Cholesterin. Außer ganzen Tieren werden auch Teilstücke wie Rücken oder Keulen und die Leber angeboten.

Geflügel entfetten

Es gibt verschiedene Möglichkeiten, um Geflügelgerichte zu entfetten. Viel Fett sitzt bei Hühnern, Enten und Gänsen am Bürzel (Schwanz), dieser sollte immer abgeschnitten werden. Sichtbares Fett aus der Bauchhöhle auch vor dem Zubereiten entfernen, es sitzt meist sehr locker. Aus dem Fett von Gänsen oder Enten kann Schmalz gemacht werden, es ist aromatisch und gibt z. B. Rotkohl einen besonderen Geschmack. Ganze Tiere sollten immer auf einem Rost gebraten werden, damit das austretende Fett abtropfen kann. Nach der Zubereitung kann das ausgetretene Fett aus Suppen oder Saucen am besten mithilfe

eines Fettkännchens entfernt werden. Das Prinzip ist einfach: alles in die Kanne gießen und kurz warten, das Fett setzt sich oben ab. Da die Kanne eine sehr tief angesetzte Tülle hat, kann nun der Fond bzw. die Suppe abgegossen werden, bis der Pegel so weit gesunken ist, dass nur noch Fett in der Kanne ist. Das Fett am besten in einen kleinen Gefrierbeutel gießen und dann wegwerfen. Nicht in den Ausguss schütten! Die andere Möglichkeit ist, die Suppe oder den Fond kalt zu stellen. Das Fett steigt auch hier nach oben und bildet eine dicke, halbfeste Schicht, die sich am nächsten Tag mit einer Schaumkelle oder einem Löffel abheben lässt.

Geflügel tranchieren

Weihnachtsgans und Festtagsbraten werden traditionell am Tisch tranchiert. Wichtig dabei ist Übung und das richtige Werkzeug. Je nach Geschmack kann dies ein Bratenbesteck mit Bratengabel und -messer sein oder eine Geflügelschere.
Die Geflügelschere hat den Vorteil, dass mit der Einkerbung in der unteren Schneide, auch »Knochenbrecher« genannt, eben auch Knochen geteilt werden können – wenn man genug Kraft hat und sich nicht an Knochensplittern im Fleisch stört. Nicht so gut ist, dass die Schere recht klein ist und man sich schnell die Finger verbrennt oder bei größeren Tieren wie einer Gans nicht gut an die Innenseite der Keulen herankommt. Die Geflügelschere ist daher am besten für das Zerteilen von kleinen Tieren vor der Zubereitung geeignet.
Mit einem normalen Tranchierbesteck rückt man einem großen Vogel meist besser zu Leibe. Die lange Gabel hält auch große Stücke gut fest, das große Messer macht auch tiefe Schnitte möglich. Wichtig: Das Messer muss richtig scharf sein und sollte gut in der Hand liegen.

So wird's gemacht

Der »Trancheur« sollte sich am besten das ungebratene Tier schon genau anschauen und die spätere Schnittführung überlegen. Als erstes die Ober- und

1

2

3

Unterschenkel im Ganzen abtrennen (Step 1). Dann links und rechts entlang des Brustbeins das Brustfilet vorsichtig von der Karkasse lösen (Step 2 und 3).
Die Brust selbst löst sich beim gegarten Tier sehr leicht vom Brustbein, sie wird dann entweder noch am Rumpf sitzend in Scheiben abgeschnitten, z. B. bei einer Gans, oder abgelöst und dann geschnitten, z. B. beim Brathähnchen.

Wild

Wild ist zwar rund ums Jahr erhältlich, außerhalb der Jagdsaison in Deutschland jedoch nur als Importware, z. B. aus Neuseeland, oder aber tiefgefroren. Grundsätzlich ist die Jagd nur in ausgewiesenen Jagdrevieren und auch nur zu bestimmten Jagdzeiten erlaubt. Während der Geburt und Aufzucht der Jungtiere ist die Jagd verboten. Je nach Bundesland und Wildvorkommen gibt es unterschiedliche Jagd- und Schonzeiten. Diese Schonzeiten gelten auch, wenn das Wild in Gattern gehalten wird.

Saisonkalender Wild

Reh-, Rot-, Damm- und Schwarzwild darf von etwa Juni bis Januar/Februar gejagt werden,
Muffel- und Gamswild von August bis Januar.
Hasen, Fasane, Rebhühner und Wildenten werden von September/Oktober bis Januar bejagt,
Wildtauben von Juli bis April und Wildgänse im August und von November bis Januar.
Frischlinge und Überläufer sowie Wildkaninchen dürfen ganzjährig geschossen werden.

Einkauf Wild

Ein leicht säuerlich-aromatischer Geruch ist typisch für Haarwild nach der Reifung, ein Geruch nach Ammoniak oder Schwefel dagegen ein Zeichen von Verderb. Das Fleisch darf nicht schwarz schimmern oder unangenehm riechen. Wenn das Fleisch nach Urin riecht, stammt es von männlichen Tieren, die während der Paarungszeit geschossen worden sind. Bei Rehen oder Hirschen verschwindet der Geruch durch mehrmonatiges Tiefkühlen, bei Wildschweinen leider nicht, das Fleisch ist ungenießbar.

Tipps zur Zubereitung von Geflügel und Wild

Wild und Geflügel sollte nur gut durchgegart verzehrt werden, am besten mit einem Bratenthermometer kontrollieren, die Temperatur sollte mehrere Minuten über 80 Grad liegen. Auf keinen Fall roh essen!
Beizen und Marinieren geben lediglich Geschmack, machen das Fleisch aber nicht zarter. Wildbret wird jedoch durch Einfrieren mürber.

Bei fertig gespicktem tiefgefrorenem Fleisch vor dem Zubereiten prüfen, ob der Speck ranzig geworden ist und gegebenenfalls durch frischen ersetzen. Spicken macht das Fleisch nicht saftiger, sondern nur aromatischer. Saftiger wird es, wenn es vor der Zubereitung eine Nacht in Salzwasser liegt, die äußeren Zellen saugen sich dann mit Wasser voll und geben dieses beim Braten wieder ab, wodurch der Zellsaft besser im Fleisch bleibt.
Älteres Geflügel wird zarter, wenn es vor dem Braten gekocht wird. Im Sud erkalten lassen und anschließend braten, die Haut wird dabei durch zusätzliches Fett (z. B. mit Butter bestreichen) knusprig.

Auftauen Geflügel und Wild sollten langsam und schonend aufgetaut werden, am besten im Kühlschrank. Das kann bei einer ganzen Pute oder einer Wildschweinkeule bis zu zwei Tage dauern. Das Tauwasser auffangen und regelmäßig weggießen, alle Teile, die mit dem Fleisch oder Wasser in Berührung gekommen sind, gründlich heiß spülen, auch die Hände gründlich waschen. Oftmals sind Wild und Geflügel mit Salmonellen belastet, die jedoch durch Hitze (mind. 80 Grad) zerstört werden. Auch Küchenlappen und Handtücher nach Kontakt mit rohem Fleisch wechseln.

Damit Sie Rezepte mit bestimmten Zutaten noch schneller finden können, stehen in diesem Register zusätzlich auch beliebte Zutaten wie **Champignons** und **Entenbrust** – ebenfalls alphabetisch geordnet und **hervorgehoben** – über den entsprechenden Rezepten.

Die BRIGITTE-Kochbuch-Edition

ISBN 978-3-8338-1505-8

ISBN 978-3-8338-1506-5

ISBN 978-3-8338-1507-2

ISBN 978-3-8338-1511-9

ISBN 978-3-8338-1512-6

ISBN 978-3-8338-1513-3

NIE WIEDER ZETTELWIRTSCHAFT! Die beliebtesten Rezepte aus der BRIGITTE werden hier vom Kochbuch-Spezialisten GU endlich in einer Edition präsentiert. Rezepte für jeden Anlass, für jede Saison – natürlich mit allen Klassikern und mit vielen Neuheiten. Freuen Sie sich darauf und sammeln Sie mit!

Mehr Kochen war noch nie

ISBN 978-3-8338-1508-9

ISBN 978-3-8338-1510-2

ISBN 978-3-8338-1509-6

ISBN 978-3-8338-1514-0

ISBN 978-3-8338-1515-7

ISBN 978-3-8338-1516-4

KOMPETENT: zwei starke Marken – BRIGITTE und GU – garantieren höchste Qualität und Gelingsicherheit. **WERTVOLL:** schöne Ausstattung mit Lesebändchen. **UNVERWECHSELBAR:** herausragende Gestaltung, auffällig schöne Fotografie. **EMOTIONAL:** das Gute-Laune-Gefühl der BRIGITTE in Buchform.

GU Brigitte KOCHBUCH-EDITION

IMPRESSUM

© 2008
GRÄFE UND UNZER VERLAG GmbH, München
Gruner + Jahr AG & Co KG, Hamburg

Alle Rechte vorbehalten. Nachdruck, auch auszugsweise, sowie Verbreitung durch Film, Funk, Fernsehen und Internet, durch fotomechanische Wiedergabe, Tonträger und Datenverarbeitungssysteme jeglicher Art nur mit schriftlicher Genehmigung des Verlages.

Liebe Leserin, lieber Leser,

wir freuen uns, dass Sie sich für ein Buch der Brigitte-Kochbuch-Edition entschieden haben. Mit Ihrem Kauf setzen Sie auf Qualität und Kompetenz zweier starker Marken: Brigitte und GU. Dafür bedanken wir uns bei Ihnen.

Um in Zukunft noch besser auf Ihre Wünsche eingehen zu können, ist uns Ihre Meinung wichtig. Bitte senden Sie uns Ihre Anregungen, Ihre Kritik, Ihr Lob und auch Ihre Fragen zu unseren Büchern. Wir freuen uns auf Ihre Nachricht!

GRÄFE UND UNZER VERLAG
Leserservice
Postfach 86 03 13
81630 München

Montag – Donnerstag: 8.00 – 18.00 Uhr
Freitag: 8.00 – 16.00 Uhr
Tel: 0180-5 00 50 54*
Fax: 0180-5 01 20 54*
E-Mail: leserservice@graefe-und-unzer.de

***(0,14 €/Min. aus dem dt. Festnetz/ Mobilfunkpreise können abweichen.)**

BRIGITTE
Leserservice
Tel: 040-370 30
Fax: 040-37 03 56 34
E-mail: infoline@brigitte.de

Chefredakteur BRIGITTE Andreas Lebert
Programmleitung GU Doris Birk
Projektleitung und Rezeptauswahl Burgunde Uhlig (BRIGITTE), Birgit Rademacker (GU)
Texte Katja Jührend (BRIGITTE)
Rezeptbearbeitung Frauke Prien (BRIGITTE)
Lektorat Katharina Lisson
Korrektorat Mischa Gallé
Layout, Typografie und Umschlaggestaltung independent Medien-Design, München
Satz Uhl + Massopust, Aalen
Herstellung Claudia Labahn
Reproduktion Longo AG, Bozen
Druck und Bindung Mohn media, Gütersloh

ISBN 978-3-8338-1508-9

1. Auflage 2008

Rezepte, Produktion und Foodstyling
BRIGITTE-KOCHRESSORT

Bildnachweis
Fotografie Thomas Neckermann
Seite 134, 138 Jan Brettschneider
Seite 136, 137 oben Jürgen Christ
Seite 8, 24 Foodphotography Eising
Seite 36, 82 Ulrike Holsten
Seite 122 Michael Holz
Seite 86 Maike Jessen
Seite 18 Joerg Lehmann
Seite 2 Heiner Orth
Seite 16, 26, 30, 72, 80, 106 Janne Peters/CMA
Seite 28 Jörn Rynio
Seite 108, 139 Foodfoto Teubner
Seite 40, 46 Klaus Willenbrock
Seite 60 Götz Wrage

Titel
Foto Ulrike Holsten
Assistenz Verena Kallweit
Styling Dietlind Wolf
Foodstyling Nicole Müller-Reymann

Brigitte

GRÄFE UND UNZER
Ein Unternehmen der
GANSKE VERLAGSGRUPPE